결핍이 에너지다!

_____ 님께

진짜 승부를 시작하는 당신을 응원합니다.

_____ 드림

바 닥 을 치 는 힘

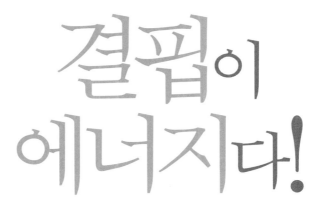

결핍이 에너지다!

맹명관 지음

KOREA.COM

차례

§ **프롤로그.** 결핍의 시대를 직시하다 **8**

Part 1.
결핍이란? : 채울 수 있는 공간

결핍은 궁핍이 아니라 기대다 … 27

다시, 다윗의 시대다 … 34

코끼리를 내 인생의 냉장고에 넣으려 한다면 … 43

냉장고 안의 코끼리를 꺼내려 한다면 … 48

네오 퓨처, 우리가 꿈꾸는 오아시스는 어디쯤인가? … 53

Part 2.
무엇으로 채울 것인가?
: 세상과 허그하고 상상과 리그하라

당신은 목표 발견형인가, 목표 추구형인가? … 59

당신의 꿈과 세상의 목표를 융합하라 … 63

비워진 공간의 크기만큼 기회가 온다 … 69

통찰력이 바꾼 결핍의 성공 모델 ···75

실패하라, 단 포기하지 말고 반올림하라 ···82

Part 3.
결핍 에너지의 패자 부활 신화
: 돌밭 뒤의 꽃길 걷다

절망의 디트로이트, 희망을 발견하다 ···89

일본의 미래를 보려면 아메요코로 가라 ···95

싼 자존심, 시계 왕국을 지키다 ···101

아사히야마 동물원에서 꼭 보아야 할 것 ···108

듀폰, 퇴행의 발상을 하다 ···116

신흥 거인, 혁신의 바벨을 들다 ···121

스폰서도, 광고도 없는 마스터스의 희귀한 성공학 ···128

글로벌 ICT 강자들은 왜 금융회사를 꿈꾸는가? ···134

판도라의 상자, 화웨이의 R&D를 열어라 ···140

Part 4.
어떻게 타오를 것인가?
: 바닥을 치고 오르는 힘으로 반전하라

반전 없는 청춘은 짝퉁 청춘이다 … 147

본질을 잃으면 진보도 퇴보도 없다 … 151

멘탈이 강해야 성공에 오른다 … 156

결핍을 어떻게 반전시킬 것인가? … 168

천재처럼 놀라 … 174

Part 5.
결핍을 마케팅하라
: 결핍은 스토리다, 스토리로 승부하라

결핍 속 자아 찾기 … 183

독수리처럼 멀리 보고 물고기처럼 살피라 … 189

상식을 뒤엎는 자포스의 무한 서비스 ··· 196

궁상맞은 아이디어를 최고의 자산으로 만들라 ··· 203

성공의 로드맵, 지혜에게 길을 묻다 ··· 207

이기려면 스피드, 고삐를 죄라 ··· 215

결핍을 예측하는 시나리오를 만들라 ··· 220

평범함을 거부하고 특별함으로 승부하라 ··· 225

§ 에필로그. 결핍 세대가 결핍 세대에게
           결핍 에너지로 성공의 에스컬레이터를 타라 231

§ 감사의 말 236
§ 참고 기사 및 문헌 238

결핍의 시대를 직시하다

나는 유년 시절이나 청년이 되어 세상을 둘러볼 때까지 사진 한 장 변변한 게 없다. 그저 정물화처럼 정면을 노려보는 듯한 졸업 사진 몇 장과 인화 상태가 좋지 않은 빛바랜 몇 개의 추억들이 전부다. 그런데 참 이상하다. 해가 갈수록 내 기억 속에 박제된 유년의 기억들과 무릇 나의 성장과 궤를 같이 했을 아픈 이야기들은 잊히지 않고 또렷하게 남아 있다.

눈만 감으면 선하게 떠오르는 장면들이 있다. 젊은 날 좌절을 맛보고 염세 철학에 빠져 헤매었던 그때의 인사동 골목길, 언제나 생존의 비릿한 냄새를 풍겼던 산동네, 아버지와 배다른 삼촌, 이모, 누나, 형…. 결핍의 무대에 오르는 배경과 사람들은 늘 같다. 이젠 버려도, 잊어도 될 만큼 오랜 시간이 흘렀는데, 나는 왜 이들과 결별하거나 망각의 섬으로 떠나보내지 못하는 걸까?

그런데 어느 순간, 나는 파노라마처럼 펼쳐진 내 삶에서 나를 지탱해 준 '힘' 하나를 발견하였다. 삶에, 순응하지 않고 포기하지 않으며 나를 일어서게 만든 '힘'. 그것은 '결핍 에너지'였다.

생각이 바뀌고 관점이 상상을 뛰어넘을 뿐 아니라 결과마저 바꾸어 주는 결핍 에너지의 성공 공식에 나는 나의 삶을 투영해 보기로 한다. 다시 기억의 낡은 영사기를 돌려 결핍의 현장 '그곳'으로 달려간다.

내가 살던 산동네에는 언제나 아이들이 버글버글 들끓고 있었고, 먹고사는 문제가 죽기보다 힘들었던 그 시대의 우리 어머니, 아버지는 시름과 한숨의 세월을 보내고 있었다. 새벽바람 맞으며 마치 정물처럼 돌아앉아 한숨을 내리쉬던 아버지를 나는 기억한다. 하루가 다르게 먹성이 늘어 가는 아이들을 보며 자신의 무능을 되새김질했던 아버지. 아침이면 어디론지 나가 저녁 늦게까지 먹을거리를 구하기 위해 빈속을 달래며 일해야 했던 어머니. 나는 기억한다. 외갓집에 쌀을 빌리러 갔다 매몰차게 거절당하고 돌아서던 아버지의 무너진 어깨, 그리고 눈물을….

못 배웠고, 가진 것 없고, 아무것도 할 수 없었던 결핍의 시대. 그 시대에 작고 초라하며 슬픈 초상의 아이가 음지에 있었다. 내 유년 시절은 잿빛 그 자체였다.

어느 날 동생은 우리 집보다 형편이 조금 나은 친척 집으로 보내졌다. 매주 동생을 보러 가는 그 길에는 낙엽이 지천으로 덮여 있었다. 집안 사정은 시간이 흐를수록 궁핍해졌고 '나'는 점점 세상과의 대화를 끊었다. 오직 학교 문고의 낡은 책만이 나의 친구요, 동반자였다. 학창 시절 내내 '등록금 미납'은 마치 내 명에 같았고, '너희 같이 없는 애들은 가르칠 수 없다'는 선생님의 폭언은 거리를 헤매는 들개처럼 나를 내몰았다. 무엇 하나 속 시원한 것이 없었다. 진정 결핍의 시간이었다.

지금 나는 마케팅 강사로서 학문의 정점에 서서 결핍의 나날을 회상한다. 몇 대를 내려오면서 한 번도 풍요를 느껴 보지 못한 환경이었지만, 거기에 주저앉지 않고 일어섰다는 점이 나를 뿌듯하게 한다. 나에게 결핍을 에너지화하는 동력이 있다는 사실이 자랑스럽다.

나는 잘생기지도 않았고(한때 내 별명은 옥상에서 떨어진 메주라는 뜻의 '옥떨메'였다), 머리 또한 탁월하지 않으며, 말까지 심하게 더듬었다. 지금은 나를 이렇게 못나게 보는 사람은 없다고 항변하지만, 실은 내 안에 그 모습들이 내재되어 있음을 종종 발견하곤 한다. 물이 증발하였다고 없어진 것은 아니듯이….

'청춘'이라는 말이 무색할 만큼 좌절과 포기의 늪에서 헤매고 있는 이들에게 결핍은 '없음'이 아니라 '에너지'라는 사실을 전해 주고 싶었다. 쉼 없이 달려 왔는데 이제 어디로 갈지 몰라 헤매는 중장년층과도 나누고 싶은 이야기들이다.

놀랍게도 세계적으로 성공한 기업이나 세상 사람들의 주목을 받는 탁월한 CEO에게도 결핍은 있었다. 그들은 결핍을 에너지로 만들고 모두 승자가 되었다.

결핍 스토리 1. 결핍을 에너지로 바꾼 성경 속 리더들

"저는 말을 더듬습니다. 지도자라니요?" "저는 키도 작고 잘생기지도 않았어요. 그저 목장에서 일하는 사람입니다." "귀신 들렸어요." "제가 우울증인 것 아시지요?" "전 너무 늙었습니다. 지혜도 바닥이 나 버렸고요."

자신의 결핍이 두려워 선뜻 나서지 못한 자들의 평계였다. 놀랍게도 성경에는 이렇게 연약한 사람들을 사용하는 하나님의 별스런 '리더 사용 설명서'가 나온다. 하나님은 인간의 연약함을 개의치 않았다. 예를 들면 이런 식이다.

"묻지도 따지지도 않겠다. 일어나라. 나는 너를 선택했다. 네가 완벽하지 않아서 너를 택한 것이다. 내가 너의 그 결핍을 채워 주겠다. 내가 너의 부족한 부분을 채워 너를 세울 것이다."

반전이다. 성경은 패자부활전의 연속이다. 결핍을 에너지로 바꾼 스토리의 연속이다.

결핍 스토리 2. 스티브 잡스의 스탠포드대학교 졸업식 연설

2005년 6월, 스탠포드대학교 졸업식에서 스티브 잡스는 "저는 대학을 졸업하지 않았습니다"라고 시작되는 명연설을 시작한다. 그러면서 그는 "항상 갈망하고, 우직하게 나아가라(Stay Hungry, Stay Foolish)"라는 세기의 메시지를 선포한다. 당시 이 명연설은 인터넷을 타고 전 세계에 퍼져 나가 많은 젊은이들에게 감동과 영감을 불어넣었다.

그는 결핍의 현장에서 포기하지 않고 재도전하여 환경을 바꾼 스페셜리스트였는데, 그 시작은 애플에서 해고당한 사건이었다.

"그때는 몰랐는데 애플에서 해고당한 것은 제 인생 최고의 사건이었어요. 애플에서 나오면서 성공에 대한 중압감을 다시 시작할 수 있는 가벼움으로 대체할 수 있었지요. 그 시기는 제 인생에 있어 가장 창조적인 시간이었습니다. 애플에서 쫓겨난 경험은 매우 쓴 약이었지만, 어떤 면에서는 환자였던 제게 정말로 필요한 약이었지요."

결핍 스토리 3. 기독교 방송국이라는 한계를 뛰어넘은 "세바시"

CBS의 "세상을 바꾸는 시간, 15분" 일명 "세바시"는 TED라는 강연회 포맷을 가져와 프로그램으로 만든 것이다. CBS가 기독교 방송국이라는 한계를 가지고 있었지만, 구범준 PD는 그것을 뛰어넘어 이 프로그램을 지식을 공유하는 공공의 장으로 만들었다.

이 프로그램을 기획할 당시, 난제는 한두 가지가 아니었다. 초창기 "세바시" 제작진은 어떤 콘셉트로 누구를 섭외해야 하는지, 관중은 어떻게 동원해야 하는지, 협찬은 어떤 방식으로 받아야 하는지 고민했다. 모든 것이 '부족'했다.

이처럼 이제 막 프로그램의 기틀을 다지기 시작하던 초창기에 나는 섭외 연락을 받았고, 다른 부족한 것들을 상쇄시킬 만큼 강한 이들의 열정에 매료되어 출연을 결정했다. 그리고 그런 그들의 열정에 동기부여를 받아 15분 동안 쏟아놓은 주제가 '결핍 에너지'였다. 당시는 이 표현이 익숙하지 않아 주저하기도 하였지만, 힘든 이 시대를 살아가는 이에게 바닥을 치고 올라갈 저력을 심어 주고 싶었다.

결핍 스토리 4. 전부 버렸을 때 생겨나는 역발상

아사히야마 동물원은 폐장 직전의 위기를 극복하기 위해 기존의 동물원에서 볼 수 있는 것들을 하나둘 버리기 시작했다. 그리고 그 빈자리는 '하늘을 나는 펭귄' 같은 뭔가 역발상적이고 역동적인 퍼포먼스로 채워 갔다.

그렇다. 기존의 고정관념을 버려야 한다. 계좌 이체가 은행 계좌에서만 가능하다고 생각하면 그것은 시대에 뒤떨어진 생각이다. 페이스북, 구글, 대형 마트가 은행과 보험회사의 역할을 할 것이라고 누가 상상이나 했겠는가?

결핍 에너지는 이렇게 전부(독점)를 버릴 때 생겨난다.

결핍 스토리 5. 경쟁보다 고객의 마음을 읽는 통찰력

골프의 4대 메이저 대회의 하나인 마스터스는 고집스러우리만큼 까다롭다. 마스터스는 '골프의 명수'가 되고자 하는 사람들을 위해 만들어졌다. 따라서 출전 자격도 까다롭고 상금액도 정해져 있지 않을 뿐 아니라 스폰서나 그 흔한 광고도 없다. 더욱이 회원 명단은 비밀에 부쳐져 진정 골프의 마스터스가 되고 싶다는 욕망을 실현시켜 주고 있다. 기업에서의 결핍 에너지는 이렇듯 다른 기업과의 경쟁이 아니라 고객의 마음을 실현해 주는 것에서 그 경쟁력을 키우는 것이다.

미국 최대의 모터사이클 업체인 할리데이비슨은 어떤 기업도 공격할 수 없는 자신들만의 문화로 마니아층을 형성해 철옹성을 만들고 있는데, 이 또한 고객이 하나되는 마케팅 외적 요인이다. 질 좋고 값싼 소프트웨어로 IT 강자를 무찌르며 성장한 샤오미나, 국내 이동통신 3사의 막강한 벽을 허문 카카오톡의 선전은 고객의 마음과 생각을 헤아린, 결핍에 대한 통찰력이 있었기에 가능했다.

결핍 스토리 6. 본질은 지키되 혁신적 변화로 살아남다

스와치가 시계 명가의 자존심을 지키면서 중저가 시장에 포지셔닝한 것은 시계를 시간이라는 개념에서 탈출하여 패션으로 전환시킨 혁신적 마인드가 있었기 때문이다.

테슬라모터스도 전기 자동차의 본질을 지키되 기존 자동차 시장의 프리미엄 브랜드로 진입하고자 도전하였는데, 이 또한 결핍 에너지의 또 다른 전형이다.

후지필름이 필름 시장의 추락에도 불구하고 엑스레이 필름 등 각종 의료 사업과 화장품 사업 등에 진출하여 생존력을 높인 것도 같은 경우다.

결핍 스토리 7. 절망 속에서 피워 낸 희망의 불씨

미국 디트로이트 시의 포커스호프는 인종 폭동을 목격한 한 수도사와 평범한 주부에 의해 결성된 시민 인권 단체다. 초기에는 단순히 '배고픔'을 해결해 주기 위한 식량을 공급하는 단체였으나, 후일 기초적인 학문부터 최고의 기술을 가르치는 훈련 프로그램을 제공하여 꿈을 키우고 미래를 세우는 단체로 성장했다.

문맹인 지역 시민들을 기업이 원하는 인재로 키우기까지의 그 과정에는 절망을 끊임없는 열정과 도전으로 채워 나간 두 사람의 지속적인 리더십과 선한 영향력이 있었음은 두말할 나위가 없다.

일본 도쿄에 마지막 남은 전통시장 아메요코는 백화점도 따라올 수 없는 경쟁력을 가지고 있는데, 그것은 다름 아닌 '좋은 물건을 싸게 파는 것'과 '상인과 주변, 그리고 고객을 보는 따뜻한 시선'에 있었다. 일본인들은 아메요코 상인들을 보면서 절망 속에서도 굴하지 않고 변화에 적응한 상인 정신에 찬사를 보내며 '일본의 미래'도 그와 같을 것이라는 희망을 품는다.

결핍 스토리 8. 남이 가지 않는 길을 가는 담대함

듀폰은 화학 전문 회사지만, 바이오와 나노 기술을 더하여 21세기에도 지속 성장을 이어 가는 종합 과학 기업으로 거듭나고자 노력 중이다. 이를 위해 농업과 에너지, 사람과 자연에도 주목하여 종자 전문 회사인 파이오니어를 인수하는 파격적인 결정을 내렸다. 모두가 IT에 집중하고 있을 때, 이들은 21세기에는 식량 산업이 새로운 성장 동력이 될 것이라고 판단한 것이다.

온라인 신발 쇼핑몰인 자포스는 수익 창출이 아닌 고객 감동을 핵심 가치로 삼고 '감동적인 경험'을 팔아 고객으로부터 '와우!'라는 찬사를 받는 기업이 되었다.

거꾸로 가라. 그리고 남이 가지 않는 길을 가는 두려움을 결핍 에너지로 극복하라.

결핍 스토리 9. 누구나 결핍으로 태어난다

어떤 여행자가 한 나라의 매력적인 여행지를 방문했다. 그곳은 뛰어난 정치가, 경제 석학, 예술가 등 전 세계의 뛰어난 리더들을 다수 배출한 곳으로 알려져 있었다.

여행자는 담장 밑에 쭈그리고 앉아 햇볕을 쬐고 있는 노인에게 다가가 이렇게 물었다.

"이 마을에서는 위대한 인물이 태어난다는데 사실인가요?"

그의 질문에 노인은 정색하며 이렇게 말했다.

"아니오! 여기서는 아이들만 태어나오."

그렇다. 사람들은 아이로 태어나 리더로 계발된다. 종종 우리는 결핍의 시기를 망각하고 산다.

결핍 스토리 10. 또 다른 꿈의 시작이 된 적십자사

스위스에 앙리 뒤낭이라는 은행장이 있었다. 그는 조국 스위스의 경제 사절의 임무를 띠고 나폴레옹을 만나기 위해 프랑스로 갔다.

그런데 공교롭게도 그가 파리에 도착하자마자 전쟁이 일어났다. 앙리 뒤낭은 실망하지 않고, 나폴레옹을 만나기 위해 전쟁터로 달려갔다. 그는 난생처음으로 포탄이 날아다니는 전쟁터의 구경꾼이 되어, 한바탕 전쟁이 끝나기까지 그 광경을 지켜보게 되었다.

그는 전쟁의 참혹함을 뼈저리게 깨닫고, 오랜 기간 동안 그곳에서 의사를 도와 부상병들을 치료하고 시체를 치우는 작업을 했다. 그리고 이 사건은 그의 인생을 송두리째 바꿔 놓는 계기가 되었다.

비록 나폴레옹을 만나 경제적으로 새로운 부를 획득하겠다는 꿈은 사라졌지만, 그는 고향으로 돌아오면서 새로운 꿈 하나를 갖게 된다. 그것은 평화에 대한 꿈이었다. 몇몇 친구와 함께 그는 꿈을 위한 운동을 적극 전개하기 시작했다. 그렇게 탄생한 것이 '적십자사'다. 이후 그는 첫 번째 노벨평화상 수상자가 되었다.

결핍 스토리 11. 결핍에 열정을 더한 칭기즈칸

"집안이 나쁘다고 탓하지 말라. 나는 아홉 살 때 아버지를 잃고 마을에서 쫓겨났다.

가난하다고 말하지 말라. 나는 들쥐를 잡아먹으며 연명했고, 목숨을 건 전쟁이 내 직업이고 내 일이었다.

작은 나라에서 태어났다고 말하지 말라. 내겐 그림자 말고는 친구도 없었고 병사로만 10만, 백성은 어린아이부터 노인까지 합쳐 200만도 되지 않았다.

배운 게 없다고, 힘이 없다고 탓하지 말라. 나는 내 이름도 쓸 줄 몰랐으나 남의 말에 귀 기울이며 현명해지는 법을 배웠다.

막막하다고, 그래서 포기해야겠다고 말하지 말라. 나는 목에 칼을 쓰고도 탈출했고, 뺨에 화살을 맞고 죽을 뻔했지만 다시 일어났다.

적은 밖에 있는 것이 아니라 내 안에 있었다. 나는 내게 거추장스러운 것은 깡그리 쓸어버렸다.

나를 극복하는 그 순간, 나는 칭기즈칸이 되었다."

결핍 스토리 12. 바꿀 수 없다면 마음부터 바꾸라

세계적인 멘토요, 작가로 활동하던 마야 안젤루가 1993년 빌 클린턴의 요청에 의해 대통령 취임식에서 낭독한 축시의 일부다.

If you don't like something, change it.

(뭔가 마음에 들지 않으면, 그것을 바꾸십시오.)

If you can't change it, change your attitude.

(그것을 바꿀 수 없다면, 당신의 마음가짐을 바꾸십시오.)

Don't complain.

(불평하지 마십시오.)

일본 경영의 대가라 알려진 마쓰시타 고노스케에게 평소 그를 존경했던 한 직원이 이렇게 물었다.

"회장님은 어떻게 이처럼 큰 성공을 거두었습니까?"

이 질문에 주저하지 않고 그는 자신이 받은 세 가지 복에 대해 이야기했다. 첫째는 가난, 둘째는 허약함, 셋째는 짧은 지식이었다.

　그는 가난해서 부지런히 살았고, 허약해서 건강의 중요성을 깨닫고 건강관리에 힘썼으며, 못 배웠기 때문에 누구에게나 배우려는 마음가짐으로 대했다는 것이다.

PART 1

결핍이란?

: 채울 수 있는 공간

청동 투구를 쓰고 전신 갑옷을 입은 2미터 10센티미터의 거인, 골리앗
그의 외모는 기선을 제압하고도 남았다.

이때 예상치 않은 인물이 등장한다. 양치기 소년, 다윗이다.
경쟁자로 보기에 그의 용모는 한심할 정도였다.

그런데 전환의 광경이 펼쳐진다.
다윗이 던진 물맷돌은 골리앗 투구 사이의 약점을 파고들었다.
물맷돌 하나로 중무장한 적의 장수를 한 방에 날려 버린 것이다.

우리는 결핍에 좌절한다. '비어 있음'에 움츠러들고 '없다'는 것에 낙망한다.
그런데 세상에선 우리의 예상을 완전히 벗어나는 일들이 다반사로 일어난다.

결핍은 궁핍이
아니라 기대다

100년 전의 한 구인 광고는 오늘날까지 청년들의 가슴에 불을 지피고 있다. 1913년 11월 영국 〈타임〉지에 실린 이 광고의 광고주는 '위대한 실패자'로서 성공자들의 반열에 당당히 이름을 올린 남극 탐험 대장 섀클턴이었다.

대단히 위험한 탐험대에 동참할 사람을 구함. 첫째, 급여는 쥐꼬리만 함. 둘째, 혹독한 추위 속에 암흑과 같은 세계에서 여러 달을 보내야 함. 셋째, 탐험 기간 동안 위험이 끊임없이 계속될 것임. 넷째, 무사 귀환할 것이라는 보장도 없음. 마지막으로, 성공할 경우 명예와 만인의 사랑과 인정을 얻게 될 것임.

아무 것도 기대할 수 없는 이 광고를 보고 3명의 여자를 포함하여 무려 5,000명의 청년들이 지원했다. 그 당시 영국 청년들의 피 끓는 열정과 도전은 이 광고의 끝을 화려하게 장식했다. 185대 1의 치열한 경쟁을 뚫고 27명의 요원이 선발되어 섀클턴을 포함한 28명이 탐험의 길을 나섰다.

이들이 타고 간 인듀어런스호는 안타깝게도 초반에 남극에서 난파하고 말았는데, 그 당시 장비의 여건으로는 생환할 가능성이 거의 없어 보였다. 그럼에도 섀클턴 대장 이하 27명은 극한의 상황에서 634일을 버티며 기적적으로 무사 귀환하게 된다.

만일 결핍된 여건들을 조목조목 따져 가며 비판만 하는 이들이 모였다면, 배가 난파되었을 때 무사 귀환을 꿈꿀 수 있었을까? 우리는 여기서 한 가지 교훈을 얻는다. 결핍은 결코 좌절할 그 무엇이거나 궁핍의 상태가 아니라는 것이다. 오히려 또 다른 희망을 캐낼 수 있는 기대요, 힘이다.

급여를 따지고 근무환경을 따질 뿐 아니라 보상까지 셈한다면 과연 우리는 결핍에서 벗어날 수 있을 것인가?

100년 전의 구인 광고가 영국의 청년 정신을 재는 바로미터가 되었듯, 100년 뒤 이 시대의 혁신 아이콘인 애플의 '신입 사원에게 보

내는 편지'는 의미상으로 전자의 모집 광고와 유사한 의미를 지니고
있다.

> 세상에는 그냥 하는 일과 일생을 걸고 하는 일이 있습니다. 당신의
> 손길이 곳곳에 스며든, 당신이 절대로 타협할 수 없는, 그리고 당신
> 의 주말을 기꺼이 반납할 수 있는, 그런 종류의 일을 당신은 애플에
> 서 할 수 있습니다.
> 사람들은 이곳에 편하게 근무하러 오는 것이 아닙니다. 끝장을 보
> 기 위해 오는 것이지요. 그들은 자신의 일에 어떤 의미가 더해지기
> 를 바라니까요. 어떤 거대한, 애플이 아닌 다른 곳에서는 일어날 수
> 조차 없는 그러한 일이 이곳에 있습니다. 그런 애플에 오신 것을 환
> 영합니다.

이 모집 광고를 보면서 애플은 참 매력적이고 독한 회사라는 생각
이 든다. 당당하게 결핍을 드러내는 이 글 속에서 기대감마저 든다.
일반 회사와 애플의 차이는 무엇일까? 주어지는 환경의 이해득실을
논하는 직원과, 그야말로 끝장을 내기 위해 자신을 던지는 직원의
회사는 어떻게 다를까?

우리는 결핍에 좌절한다. '비어 있음'에 움츠러들고 '없다'는 것에
낙망한다. 그런데 세상에선 우리의 예상을 완전히 벗어나는 일들이
다반사로 일어난다. 나는 좌절할 일이 생길 때마다 이전에는 생각

지도 않은, 꿈꾸지 않은 기대를 해 본다. '좋아질 것이다' '또 다른 일들이 나타날 것이다' 그리고 '역전의 결과가 내 앞에 나타날 것이다'라는 말들을 되새긴다. 그러면 놀랍게도 비전의 로드맵이 내 눈앞에 펼쳐진다.

생명을 지킨 반 컵의 물

아무런 희망도 보이지 않았지만 끝까지 포기하지 않았던 뜨거운 일화가 있다. 그 희망의 싹은 바로 아우슈비츠 포로수용소에서의 반 컵의 물에서 시작된다.

아우슈비츠 포로수용소는 제2차 세계대전 때 독일군이 유대인을 학살한 곳이다. 독일군이 유대인 600만 명을 학살했다고는 하지만, 기록을 보면 그것이 그리 쉽게 이루어지지 않았다는 것을 알 수 있다. 사람이 사람을 죽이는 일은 인간으로서 하면 안 되는 일이고, 제정신으로는 도저히 실행하기 힘든 일이기 때문이다.

독일 정부는 독일 군인들이 죄책감 없이 유대인을 죽일 수 있도록 몇 가지 정책을 썼다. 그중 하나가 아우슈비츠 포로수용소에 화장실을 많이 짓지 못하게 하는 정책이었다.

실제로 3만 2,000명이나 수용된 한 건물에 화장실이 하나만 있었다. 화장실을 쓸 수 없으니 사람들은 오물과 함께 생활하게 되었고, 온몸이 배설물로 더럽혀지면서 인간의 자존감과 존엄성은 없어졌다. 그들의 외모는 짐승처럼 되어 갔고, 스스로도 짐승 같다는 생각을 하게 되었다. 그리고 그들은 스스로 삶의 끈을 놓아 버리고 죽기를 원하게 되었다.

이와 같이 열악한 환경에서 생존한다는 것은 매우 어려운 일이었다. 그러나 악조건 속에서도 살아남은 사람들이 있었는데, 그들은 스스로 깨달은 두 가지 생존 원칙을 철저하게 지켰기 때문이었다.

첫째는 빵의 원칙이었다. 빵 한 부스러기라도 더 먹어야 한다는 것이다. 그 대신 팔 하나라도 움직이는 것은 극도로 절제했다. 움직임이 지나치면 체력이 감당하지 못하므로 자연히 죽을 수밖에 없었기 때문이다.

그에 못지않게 중요한 두 번째 원칙이 있었다. 그것은 생존하기 위해서는 누구나 반드시 세수를 해야만 한다는 원칙이었다. 아우슈비츠 포로수용소에서는 오후 4시 30분이 되면 모두에게 커피 한 잔이 배급되었다. 말이 커피일 뿐, 악취가 나는 물이었다. 그러나 그 물의 가치는 따뜻하다는 데 있었다. 추위와 굶주림으로 열량을 빼앗기던 사람들에게 따뜻한 물로 몸을 녹일 수 있다는 것은 매우 중요한 일이었다. 생존 두 번째 원칙은 그 커피 물을 반만 마시고, 남은 반 컵의 물로 세수를 하는 것이었다.

사람들은 배급된 커피를 반만 마시고 남은 물로 죄수복의 한 귀퉁이를 물에 적셔 이를 닦고 얼굴을 닦고 최대한 온몸을 닦아냈다. 하지만 겨우 반 컵의 물을 가지고 배설물로 더럽혀진 온몸을 다 씻을 수는 없었다. 그런데 놀랍게도 그렇게나마 세수한 사람들은 모두가

다 살았다.

처음에는 그 이유를 몰랐지만, 시간이 점점 지나면서 그들은 자연히 깨닫게 되었다. 그것은 인간이기를 포기하지 않았다는 의지의 표현이었다. 그 정신이 생명력이 되어 끔찍한 여건 속에서도 살아남게 했던 것이다.

아우슈비츠 포로수용소의 생존자 레빈스카는 이러한 기록을 남겼다.

"우리를 짐승처럼 만들려는 저들의 음모를 깨달은 후에, 나는 속에서 '살아야겠다'라는 생명의 음성을 들었다. 반 컵의 물로 세수하였던 우리는 '만일 우리가 죽더라도 저들이 바라는 대로 짐승으로 죽지는 않겠다. 죽더라도 인간으로 살다가 인간으로 죽겠다'라는 각오로 살아갔기에 결국 살아남게 되었다."

반 컵의 물만 마시고, 생명과 같은 나머지 반 컵의 물로 얼굴을 씻고 이를 닦으면서 그들은 자기를 지키고 있는 독일 군인을 쳐다보았다. 여기에는 소리 없는 무서운 외침이 숨어 있었다. "봐라! 나도 너와 같은 인간이다!"

독일이 저지른 잘못은 인간의 존엄성과 자존심, 인간이 가지고 있는 기본적인 자유마저 다 죽여서 인간을 짐승처럼 만든 다음, 마치 짐승을 죽이는 것처럼 죄책감 없이 그들을 죽였다는 데에 있다.

반 컵의 물은 그들의 의도에 굴복하지 않는다는 엄청난 의미를 가진다. 비록 더러운 물 반 컵에 불과하지만 그 물을 마시지 않고 자기

몸을 닦는 데 썼다는 것은 인간의 존엄성과 가치를 지키고자 했던 것이며, 소리 없는 항거라 할 수 있다. 동일한 결핍 속에서도 생명을 살리는 에너지가 된 반 컵의 물은 결핍을 어떤 의미로 받아들일 것인가에 대해 생각해 보게 한다.

결국, 결핍 에너지가 생명을 살린 것이다.

다시, 다윗의 시대다

좁쌀 샤오미의 반격

〈월스트리트저널〉에서 2015년 2월 발표한 '기업 가치 10억 달러에 이르는 스타트업'의 리스트에 중국의 스마트폰 생산업체인 샤오미가 당당히 이름을 올렸다. 이를 두고 〈월스트리트저널〉에서는 현재 IT 업계 중 샤오미가 '세상에서 가장 가치 있는 스타트업'이라고 평가했다.

좁쌀이라는 의미의 샤오미는 대약진을 넘어 가히 혁명적인 성장을 보인 기업이다. 중국 내 스마트폰 시장에서는 이미 삼성과 애플을 넘어 1위의 자리를 점유하였다. 과거 짝퉁이라고 치부되던 샤오미의 모습은 온데간데없다.

가장 놀라운 것은 샤오미의 핵심 전략인데, 애플과 삼성의 장점만을 뽑아 로컬 서비스를 가장 쉽게 쓸 수 있게 했다는 점이다. 샤오미의 유일한 경쟁력을 가격이라고 해석하는 시각도 있는데, 그렇게 따지고 보자면 중국 내 유사 상품은 부지기수다. 굳이 한 단어로 샤오미의 성공을 정의하자면 '혁신적인 카피'라고 할 수 있다.

그들은 전신인 소프트웨어 회사답게 '안드로이드 오픈소스 프로젝트(AOSP)'를 채택하여 차별화를 모색하였다. 즉, 일반적인 안드로이드 기반의 운영체제(OS)에서는 메일, 지도, 문자 등을 실행시키는 앱이 구글의 고유 서비스를 통해 실행되도록 필수 장착되어 있는데, 샤오미는 이를 제거하고 제조사에서 만든 자체 서비스를 탑재하였다. 이는 안드로이드 OS에 발이 묶인 삼성의 입장에서 보면 충격적인 시도다.

샤오미는 여기서 멈추지 않고 온라인 유통망을 통해 제품을 직접 팔았다. 이는 유통비를 줄이고 가격을 낮추어 고가의 삼성과 애플의 다리를 묶었다. 그렇게 보면 제한된 물량을 출시하고 이를 선착순으로 판매하는 타 업체의 시도는 차라리 애교에 가깝다.

약자가 강자를 이기는 기술

우리는 이러한 상황을 두고 '다윗과 골리앗'을 떠올린다. 미국〈타임〉지에서 선정한 가장 영향력 있는 100인 중의 한 사람인 말콤 글래드웰은 저서《다윗과 골리앗》에서 작금의 시대를 '다윗의 시대'라고 천명한다.

그가 지적한 성경의 〈사무엘상〉 17장에는 약자가 강자를 이기는 기술이 나오는데, 이를테면 자신이 원하는 방식으로 원하는 곳에서 싸우는 기술이다.

이스라엘 민족이 상대해야 할 블레셋 사람들은 해양 민족으로 그들에겐 익숙하지 않은 상대였다. 싸움에 있어 상대를 모른다는 것은 치명적인 일이다. 어디서 일격을 당할지, 어떤 방식으로 필살기를 보여 줄지 모른다는 것이며, 적에 대한 정보 없이 전쟁에 나가는 것은 두려움 그 자체다.

성경은 엘라 계곡에서 진행되고 있는 이 답답한 고착 상태를 그려낸다. 계곡을 사이에 두고 벌이는 이 전쟁에서 누군가가 승리를 해야 하는데 시간은 마냥 흐르고 있었다. 가장 효율적인 전쟁 방식은 일대일 전투로, 서로가 큰 손실을 피할 수 있다.

드디어 참을성 없는 블레셋 사람이 나섰는데, 그의 이름은 골리앗으로 성경에는 그의 키가 여섯 규빗 한 뼘으로 나타나 있다. 청동 투구를 쓰고 전신 갑옷을 입은 2미터 10센티미터의 거인, 그의 외모는 기선을 제압하고도 남았다. 우리의 대기업을 보라. 그들의 거미줄 같은 시스템, 중소기업의 CEO보다 혜안이 넘칠 것 같은 인재들, 그리고 마르지 않는 샘 같은 재무 능력, 언론의 호평, 추종자의 충성도…. 어찌 싸움이라는 단어를 떠올릴 것인가?

예상대로 블레셋 사람 골리앗은 일대일의 대결을 원한다. 그는 일대일로 싸워서 자신이 지면 블레셋 사람들이 이스라엘 민족의 종이 되고, 자신이 이기면 이스라엘 민족이 블레셋 사람들의 종이 되라는 것이다. 이런 방식은 종종 마케팅 현장에서도 일어나는데 이는 한마디로 승자독식하겠다는 적극적인 의사표시다.

옵션은 간단하다. 싸우고 이긴 자의 결과도 대동소이하다. 이런 상황에서 누가 죽음을 마다하지 않고 대결에 나서겠는가? 〈사무엘상〉 17장 앞부분에는 '놀라 크게 두려워'하는 이스라엘 왕과 그의 휘하에 있는 사람들의 심리 상태가 나온다.

이때 예상치 않은 인물이 등장한다. 다윗이다. 그는 애초부터 전사의 명단에도 올라 있지 않았던 인물이었다. 예측 불허의 경쟁자, 한마디로 신흥 거인이 등장한 것이다. 예측할 수 없다는 것은 경쟁자로서는 무섭고 떨리는 일이다.

그러나 다윗의 경우는 좀 다르다. 경쟁자로 보기에 그의 용모는 한심할 정도였다. 고작 싸움터에 나간 형들에게 식량을 전달하러 온 양치기 소년을 전사의 모습으로 그려 볼 수 있겠는가? 만일 소설이라면 기, 승에서 결론을 맺을 판이다.

그런데 전환의 광경이 펼쳐진다. 골리앗의 음성을 들은 다윗이 거침없이 말한다. "이 할례 받지 않은 블레셋 사람이 누구이기에 살아 계시는 하나님의 군대를 모욕하겠느냐!"(〈사무엘상〉 17장 26절) 이를 들은 다윗의 형 엘리압이 그를 꾸짖는다. 엘리압은 방금 전까지 골리앗의 호령에 두려움과 불안에 떨던 사람이었다. 아마 그는 동생의 도발로 인해 벌어질 상황이 두려웠을 것이다.

그런데 이 장면에서 말콤 글래드웰이 오늘의 시대를 '다윗의 시대'라고 표현했을 때, 그 '다윗'들의 특징이 나온다. 다윗은 두려움에 휩싸인 사람들의 말이나 형의 꾸지람에도 모든 상황을 역전시킬 강한 멘탈을 가지고 있었다. 다윗은 형에게 내가 무엇을 잘못하였느냐고 반문하고는, 사람들을 향해 골리앗을 쳐야 한다고 다시 한 번 크게 소리를 친다.

문제는 사울 왕이었다. 그의 입장에서는 이 천방지축의 어린아이를 달래야 했다. 전의를 불사르려는 목동을 그는 힘껏 달래야 했다. 전쟁은 동네 아이들의 놀이가 아니기 때문이다. 그래서 그가 선택한 것은 정체성의 확인이었다. "너는 소년이요, 그는 어려서부터 용사임이니라." 한마디로 '비교 불가'라는 뜻이다.

그러자 다윗은 왕 앞에서 자신의 경험을 이야기한다. '경험'이라는 코드는 일종의 자신감의 표출이다. 그는 자신이 양을 지킬 때에 양을 괴롭히는 짐승들을 쳐서 무찔렀듯이, 블레셋 사람도 그렇게 만들겠노라고 호언장담한다. 이쯤 되면 설득이 무색하다. 다윗은 힘의 근원을 여호와라고 이야기하는데, 두려움의 노예가 된 우매한 리더 사울은 그런 다윗에게 자신의 갑옷을 입히려 한다.

여기서 우리는 다윗의 또 다른 특징을 발견한다. 골리앗을 제압할 수 있는 무기, 자기만의 도구(Tool)를 가지고 있다는 것이다. 그리고 다윗은 사울이 건넨 갑옷을 '익숙하지 않아' 물리친다. 많은 이들에게는 갑옷과 긴 창이 방패요, 강력한 무기지만, 그것이 제 몸에 익숙하지 않은 다윗에게는 오히려 자신의 필살기를 막는 걸림돌이 될 수 있기 때문이다. 결국 다윗은 갑옷과 창을 내려놓는다.

그런데 〈사무엘상〉 17장 41절에는 게임의 법칙을 흔든, 한계에 도달한 거인의 약점이 발견된다. "블레셋 사람이 방패 든 사람을 앞세우고 다윗에게로 점점 가까이 나아가느니라." 분명 싸움은 일대일이다. 그런데 골리앗은 이 약속을 어겼다. 방패 든 자가 웬 말인가? 2대 1로 나서는 것은 무언가 표출되지 않는 문제가 있다는 증거다. 말콤 글래드웰은 골리앗에게는 성장호르몬이 과잉 생산되어 나타나는 선단거대증이 있었다고 설명한다(이는 1960년 〈인디아나 의학 잡지〉에서도 거론된 바 있다). 결국 골리앗은 사물이 두 개로 보이는 증상으로 인해 혼자서는 길을 찾을 수 없었고, 방패 든 자를 앞세움으로써 자신의 한계를 스스로 드러낸 꼴이 된 것이다.

현대의 골리앗과 다윗의 싸움에도 이는 그대로 적용된다. 앞서 거론한 샤오미도 타사의 운영체계의 한계를 파고들었다. 스마트폰 시장에서 거인이 된 대기업들은 자신의 공격수를 제대로 파악하지 못하는 상태에까지 다다랐다.

분명 다윗과 골리앗은 다른 정체성을 가지고 있었다. 다윗은 양치기로서 평소 양을 위험한 요소로부터 지키기 위해 다양한 기술을 훈련하고 있었고, 골리앗은 거대한 체격만을 앞세워 적을 위협하기 위해 맨 앞에 나서는 둔한 보병에 불과했다. 거기다가 민족적 우월감을 가진 다윗은 '불가능할 것 없다'라는 강한 멘탈을 지녔다.

무엇이 다윗을 승자로 만들었는가

결국 싸움은 다윗의 승리로 끝났다. 다윗이 던진 물맷돌은 골리앗의 엉거주춤한 걸음과 투구 사이의 약점을 그대로 파고들었다. 물맷돌 하나로 중무장한 적의 장수를 한 방에 날려 버린 것이다.

결론적으로 다윗에게는 몇 가지 특장점이 있었다.

첫째, 강한 멘탈의 소유자였다. 그가 전쟁에 나간 이유도, 그리고 남들이 보기에는 황당하지만 이긴다고 자신한 것도 '능히 하지 못할 일이 없다'라는 신과의 약속을 믿었기 때문이었다.

둘째, 다윗은 남다른 무기를 사용하였다. 여기서 우리는 한 가지 가정을 해 볼 수 있다. 만일 다윗이 사울의 강력한 권유대로 골리앗과 같이 중무장을 하였다면 어떤 결과가 나왔을까? 돌을 던지는 필살기를 가진 다윗에게 날선 검과 창, 투구와 갑옷은 무용지물이기에 효용성이라는 측면에서 이는 거의 장애물에 가까웠을 것이다.

셋째, 보이지 않는 통찰력을 가지고 있었다. 다윗은 사울 왕과 그의 부하들과는 다른 프레임을 가졌다. 다윗은 골리앗을 '양을 헤치는 들짐승'이라고 보았다. 양치기에게 들짐승으로부터 양을 지키는 것은 선택이 아니라 필수였다. 들짐승을 쳐 죽였듯, 골리앗도 당연히 싸워 이겨야 할 대상으로 보았다.

마지막으로 다윗은 '자신이 원하는 방식으로 원하는 곳에서 싸우는’ 필살기를 보유하고 있었다. 왕의 권유도 마다하고 자신이 평소 갈고 닦았던 비장의 무기를 꺼내 들고 철저히 투석병으로 싸웠다.

결핍을 승리로 이끈 전략

관객 수 1,700만에 이르는 한국 영화 "명량"의 이순신도 살펴 보면 ‘다윗’으로 볼 만한 요소가 다분하다. 그의 강한 멘탈은 그가 남긴 《난중일기》와 당시 국왕인 선조에게 올린 〈장계〉에서 살펴볼 수 있다.

> "적의 배가 1천 척이라도 우리 배에는 감히 곧바로 덤벼들지 못할 것이다. 일체 마음을 동요치 말고 힘을 다하여 적선에게 쏴라."
> 《난중일기》

> "신에게는 아직 배 12척이 남아 있습니다. 신의 몸이 죽지 않고 살아 있는 한, 적들은 감히 우리를 깔보지 못할 것입니다." 〈장계〉

또한 그들에게는 생존을 확보할 체력과 무기가 있었다. 조선 수군의 주력함인 판옥선은 그 크기와 무게로 인해 속도가 느리고 둔했으나, 이 단점을 보완하기 위해서 그들은 탑재된 포를 최대한 쏘아 댔으며, 병사들은 적을 향해 화살을 빗발처럼 날렸다.

마지막으로 이순신의 군대는 자신들의 지역에서 자신들의 방법으로 이기는 기술을 가지고 있었다. 이순신 본인은 전투가 시작되기 전 주변 해역을 관찰한 후 자신이 싸워야 할 지역의 특성, 즉 좁은 수로의 빠른 조류에 승부를 걸었다. 따라서 전쟁 시 급류 변화로 우왕좌왕하는 일본 수군의 배를 집중 공략하여 근접 사격을 퍼붓거나, 육중한 판옥선으로 일본의 배를 부수어 버렸다. 결론적으로 말해, 해전사의 명장으로 일획을 그은 그도 다윗의 성향을 가진 것이다.

말콤 글래드웰의 표현처럼 현대는 '다윗의 시대'다. 자산 독점의 구조로 어려움을 겪고 있는 대기업과, 상황 독점으로 민첩한 물맷돌을 가진 강소 기업을 보면 결과는 보다 명확해진다.

그렇다. 지금은 다윗의 시대다.

코끼리를
내 인생의 냉장고에
넣으려 한다면

카피라이터 입문기

잘나가던 기업의 홍보실에서 막 기울어 가는 광고 회사를 선택한 것은 당시로서는 모험일 수밖에 없었다. 1987년경으로 기억된다. 신문 5단 10센티미터의 일명 '쪼가리 광고'에 실린 카피라이터 모집 광고에 눈을 뗄 수 없었다. 카피라이터에 대해 내가 아는 바라고는 일주일 전 홍보실에서 주워들은 얄팍한 지식이 전부였다.

제출 서류는 자기소개서와 이력서였다. 지금 내가 기억하기로는 '하하하. 광고 말이오?'라는 헤드라인에, 반 협박조로 '사장님이 저 같은 인재를 쓰지 않으면 평생 후회할 것'이라는, 가당찮고 치기 어린 문구가 남발하는 자기소개서였다.

서류를 우편으로 발송한 후 나는 인생을 바꾼 전화를 받았다. 제작국장이라는 사람으로부터 걸려 온 전화는 접속 상태가 좋지 않아 온갖 소음이 섞여 들어왔지만, 그래도 내가 건진 단어는 '합격'과 '사장님 최종 면접'이었다.

충무로에 위치한 D기획. 지하철역에서 나와 첫 번째 골목길로 들어서면 보이는 5층짜리 자색 건물. 생각보다 빠른 진전이었다. 새로운 것에 대한 두려움보다는 설렘이 앞섰다. 아! 그러나⋯. 5층 자색 건물은 일제강점기에 지어졌을 것 같은 낡고 어두운 분위기였다. 층계를 밟고 올라가면서 나는 나의 어리석은 결단에 벌써 후회하고 있었다. 어쩐지 광속도로 진행된다 싶었다.

문을 열고 들어서자 장발의 늙수그레한 디자이너가 복사기 앞에서 표정 없이 웃었다. "누구 찾아오셨어요?" 이 질문에 나는 뻘쭘히 서서 힘없이 대답했다. "제작국⋯ 이 국장님이요." 말이 끝나자마자 늙은 디자이너는 마치 제압이나 하겠다는 듯이 목청 높여 "면접 보러 오셨어요?"라고 물었다. 그렇게 시작된 면접은 한 시간 뒤 사장의 호출로 결미를 맺었다.

그다지 단정하거나 정서가 안정된 것 같지 않은 사장은 제작국장 앞에서 공손하게 대답하고 있는 나에게 선포하듯 말했다.

"우리 회사는 월급 줄 형편은 못 돼요. 한 일 년간은 참치로 지불하게 될 텐데 가능하겠어요? 출퇴근 시간도 장담 못 해요. 광고라는 게 24시간 항시 대기해야 하고. 가능하겠어요?"

내 기분은 바닥으로 내동댕이쳐졌고, 한번 가라앉은 채 일어서지 못했다.

"그럼 출근은 언제부터…?"

"내일부터 오세요. 우리가 워낙 급해요. 디자이너는 많은데 카피가 없어서."

생각 같아서는 문을 박차고 나가고 싶었다. 그때 내 자존심은 무식한 자들에 의해 패대기쳐진 것 같았다.

그런데 내 대답은 이런 마음과 정반대로 나와 버렸다.

"그러죠. 열심히 해 보겠습니다."

이것이 내가 기억하는 카피라이터 입문기다. 그 뒤 내 인생은 어떻게 되었을까? 정말 내 출퇴근은 도둑맞아 일주일에 6일은 거의 밤샘이었다. 그래서 우스갯소리로 '집에 다녀오겠습니다'가 퇴근 인사말이었다.

허구한 날 회의에 카피라이팅, 생각의 여지도 없이 나는 타자기를 두드려야 했으며, 예측 불허의 진상 클라이언트의 기쁨조 역할을 해야 했다. 과거 문학도였다는 한 클라이언트는 카피만 보면 본인 스타일로 고쳐야 직성이 풀리는 듯 내 글을 찍찍 그어댔지만, 그런 월권도 '허허' 웃어대거나 '그렇죠. 대표님, 카피라이터로 전업하셔도 괜찮겠어요'라고 넉살을 부리기도 하였다.

백 퍼센트 열정을 다한 시간

카피를 복사쯤으로 알던 내 친구는 나의 종말을 보는 것 같다며 몸서리치곤 하였다. "할 게 없어 복사집 사환 노릇이나 하냐?" 아무리 '카피'란 '광고 문안'이라고 설명해 줘도 친구는 복사라고 우겨 댔다.

나는 그때 알았다. 혼자 가는 길이 얼마나 어려운 것인지. 그러나 기억한다. 그때만큼 백 퍼센트 열정을 다해 일한 시간은 다시 없다는 것을….

밤새 쓴 카피가 휘발유 냄새 나는 신문 하단에 실릴 때면 마치 잃어버린 물건을 되찾은 듯한 흥분과 기쁨에 어찌할 바를 몰랐다.

그동안 나는 여러 가지 일을 하면서 다양한 명함들을 갖게 되었지만 '카피라이터'라는 직업이 새겨진 명함은 지금도 보관하고 있다. 이 명함을 가만히 들여다보고 있으면 예전의 그 뜨거웠던 열정, 고독, 도전, 성취의 온갖 감정들이 스멀스멀 되살아난다.

나는 그것들이 내 인생의 코끼리였다고 생각한다. 크고 위대한 일, 그 코끼리가 어느 날 우연히 내 인생의 길을 밟고 성큼성큼 들어와 앉은 것이다. 내가 의도하지 않았지만, 누군가는 우연이라 말하지만, 나는 이를 은총이라 말한다.

코끼리를 내 인생의 냉장고에 넣으려 한다면 먼저 그 코끼리의 외면을 보지 말라. 좌절하고 불가능하다고 생각할 때 당신이 생각하는 놀라운 일은 일어나지 않을 것이다.

내 인생의 짧은 스토리를 되짚어 보면, 우연이라는 커다란 몸집이 필연이라는 작은 자리에 들어와 자리를 잡았다. 생각을 제한하거나 불가능한 사고와 경험에 잠기지 말라. 누가 이 불편한 조합에 고개를 돌리겠는가?

냉장고 안의 코끼리를
꺼내려 한다면

당신의 인생, 그 냉장고에는 어떤 거대한 코끼리가 들어 있는가? 본인 스스로도 상상할 수 없는 거대한 힘, 어떤 장애물 앞에서도 주춤대지 않고 무소의 뿔처럼 전진할 수 있는 괴력, 필살기를 상상해 보라.

우리가 위인으로 손꼽는 이들의 성장 과정은 사실 '볼품없다'는 말로 표현할 수밖에 없는데, 그들은 어느 날 자신의 인생이 담긴 냉장고에서 코끼리라는 예측할 수 없는 운명을 만난다.

우리가 잘 아는 월트 디즈니는 성공 신화를 이루기까지 일곱 번이나 쓰러졌다. 심지어 그가 근무하던 신문사에서는 '아이디어가 부족하다'라는 이유로 그를 해고했다. 이는 비단 월트 디즈니의 경우만은 아니다. 성악가로 잘 알려진 엔리코 카루소는 학교 담임선생님으로부터 '노래와는 거리가 먼 목소리'라는 혹평을 들었다.

영국 정치가 윈스턴 처칠은 생활기록부에 따르면, 학교에서 낙제생이었으며, 문제가 많은 학생이었다. 그의 일대기를 쓴 작가는 그의 어린 시절을 이렇게 묘사하였다.

"부서질 듯 창백한 소녀의 손을 가진 그는 몸동작도 뜻대로 잘 안 되는 병약한 약골이었다. 게다가 혀짤배기소리로 말까지 더듬어 늘 아이들에게 놀림거리가 되었다."

그의 어린 시절은 요즘 말로 하면 '왕따'였다. 그런 그가 영국의 위대한 수상이 되었을 때 그는 성공의 정의를 이렇게 내렸다.

"성공은 열정을 잃지 않고 실패에서 다른 실패로 건너가는 것이다."

전 세계의 축이요, 권력이 된 미국의 빌 클린턴 대통령은 유복자로 태어나 3년간 조부모와 살아야 했으며, 어머니는 도박과 외도를 일삼는 알코올중독자와 재혼하였다. 그가 자라난 환경은 결핍 그 자체였다.

미국 역사에 혁혁한 공을 세운 트루먼, 에이브러햄 링컨의 경우도 동전의 앞뒤와 같은 판이한 인생을 살았다. 트루먼의 경우 육사 생도를 꿈꾸며 웨스트포인트사관학교에 지원했지만 눈이 나빠 떨어졌다. 농사를 짓던 그는 고향에 있는 법률학교를 2년 다녀 변호사의 길로, 그리고 정치가로 변신했다. 그는 1900년 이후 미국 대통령 가운데 유일한 고졸 학력자로 꼽힌다.

에이브러햄 링컨은 파산으로 바닥 같은 인생을 살았으며 첫 선거에 13명의 후보 중 8위를 기록하였고, 그가 대통령에 출마했을 때 10개 주에서는 투표용지에 그의 이름을 아예 거명하지도 않았다.

전과 후가 다른 인생의 그림은 종교 지도자에게도 예외는 아니었다. 세계적인 영적 지도자요, 부흥사인 빌리 그레이엄도 밥존스대학의 밥존스 총장으로부터 면전에서 '평생 아무것도 못하는 실패자'라는 혹평을 들었다. 여기서 주목할 것은 어느 누구든 탄탄대로를 지나 위대해진 인물은 없다는 사실이다.

재미있는 통계가 있다. 미국 ABC방송은 '고등학교 패배자에게도 기회는 있는가?'라는 주제에 답할 흥미 있는 데이터를 발표하였다. 이 데이터를 보유한 세스 포펠이라는 사람은 무려 3,000명의 유명인사에 대한 기록을 가지고 있었다. 그런데 그 유명인사 중 고등학교 시절에 성공할 만한 사람이라고 인정받은 경우는 40여 명에 불과했다. 그중에 힐러리, 부시, 앤디워홀 같이 오늘날 미국을 움직이는 주요 인물조차 그 40여 명 안에 포함되기는커녕 평균 이하의 평가를 받았다고 한다.

내 인생을 바꾼 획기적인 제안

나의 유년기로 돌아가 보면 한마디로 마이너스의 인생이었다. 다 쓰려져 가는 하꼬방(당시 판잣집을 이렇게 불렀다)에 4남매가 발 한번 마음껏 펴지도 못하고 잠을 청해야 했다. 이런 환경은 나를 실어증에 걸리기라도 한 것처럼 말을 더듬게 만들었다. 빈곤으로부터 오는 절망의 악순환은 나에게 우울증에 가까운 질병을 주었다. 여기에 외모 콤플렉스까지 겹쳐 가족 외에 다른 사람들 앞에 서는 일은 내게 거의 불가능한 일이었다.

이런 사정은 사춘기를 맞으면서 더욱 심해졌다. 나에게 세상은 칠흑 같은 어둠이었으며, 삶은 영위할 가치도 없는 무의미한 시간의 연속이라는 생각이 들었다. 무작정 비를 맞고 걷기도 하고 심야 방송에서 흘러나오는 요절한 락커의 절규를 들으며 이불을 뒤집어쓰고 통곡하기도 했다. 그게 다였다. 그때 내게는 선한 것이 아무것도 없었다.

그러던 나에게 내 인생을 바꾼 획기적인(?) 제안이 들어왔다. 교회 행사 중에 성경 구절을 읽고 자신의 생각을 발표하는 시간이 있었는데, 그날 연사 역할을 맡은 아이가 갑작스런 배탈로 빠지게 되어 누군가 대체해야 하는 상황이었다. 이런 상황에 당황한 우리 반 선생님은 아무 역할 없이 서성대던 나를 대타로 지목했다. 순간 내 가슴은 아프도록 뛰었고 "아니에요, 전 못해요!"라고 소리쳐야 했지만, 이 소리는 내 마음 속에서만 메아리칠 뿐, 거절조차 못할 만큼 나는 소심했다.

결국 나는 단 위에 섰다. 잔뜩 긴장하여 불안하고 초조한 마음이었지만 내 입에서 천천히 말이 나오기 시작했다. 발표가 끝난 후 누군가 내게 다가와 떨리는 내 어깨를 감싸며 말했다.

"잘했어! 너답게 훌륭했어!"

울음이 터져 나오는 것을 억지로 삼키며 내가 말했다.

"고… 고… 맙습… 니다."

그 순간을 지금 돌이켜보면 내 인생의 냉장고에서 커다란 코끼리가 걸어 나온 뜻깊은 장면이다. 그 이후 나는 스스로에게 되새겼다. 내 페이스를 유지하기 위해 열정을 다하여야 하며, 내 몸속 깊숙이 내재되어 있는 잠재력과 폭발력에 무한한 동기 부여를 해야 한다고.

지금 나는 마케팅 컨설턴트로 수많은 사람들 앞에 서고 있다. 이제는 예전처럼 사람들 앞에 설 때 두려워하거나 떨지 않는다. 그 이상으로 나만의 페이스를 유지하고 있고 나름 사람들을 이끌어 주는 역할을 하고 있다.

그리고 나는 첫 발표 때 나를 그토록 흥분시켰던 코끼리에 이어 또 다른 코끼리를 기다리고 있다. 내 인생의 냉장고에서 60의 장년에 마주할, 의연하게 걸어 나올 그 코끼리를 말이다. 그래서 나는 오늘도 무지개를 찾아 떠난 소년의 설렘으로 코끼리를 맞을 준비를 하는 중이다.

네오 퓨처, 우리가 꿈꾸는 오아시스는 어디쯤인가?

쓰나미와 같은 변화 속에 서 있을 우리의 미래

미래는 희망적인가, 비관적인가? 미래를 진정 희망으로 맞이할 수 있는가? 미래는 사회의 기본 프레임이 바뀌는 변화 속에 서게 될 것이다.

앨빈 토플러의 《제3의 물결》은 이미 고전이 되어 박물관에 갇히게 될 것이다. 더 이상 종이를 발견할 수 없게 된다. 디지털과 IT와 기타 융합적인 시스템에 의해 사람과 사람이 부딪치는 일이 생소하게 될 것이다. 어느 날 우리는 화분으로부터 한 통의 메일을 받게 될 것이다. "왜 그리 게으르냐. 물 주는 일에 열과 성을 다하라."

인간은 병원에 가는 대신 원격 진료를 받을 것이다. 우리의 흔적은 자료로 남겨지고, 편의라는 명목 하에 우리의 감성은 빼앗기게 된다. 최근 미래 트렌드로 급부상한 사물 인터넷이나 빅 데이터가 그렇다. 얼마 지나지 않아 무인 자동차가 나타나 우리 삶의 반을 송두리째 가져갈 것이다. 교통사고도 옛 단어가 되어 버릴 것이다. 그렇게 되면 우리는 기계가 제공한 '완벽' 속에 갇히게 된다.

'인간적'이라는 표현은 또 무엇인가? 2002년 개봉한 "마이너리티 리포트"라는 공상과학영화를 기억하는가? 주인공들은 허공에 손을 휘저으며 각종 자료를 찾고, 연구실 문은 홍채 인식을 통해 열리게 된다.

'스스로'라는 미래의 키워드가 두려움으로 다가온다. '스스로'는 더 이상 인간이 각성하여 움직이는 것이 아니라 유무선 통신망으로 연결된 기기가 사람의 개인 정보를 서로 주고받아 처리하는 프로세스를 말한다.

택배는 드론이라는 무인 헬기가 나타나 순식간에 해결할 것이고, 마트에서도 계산대 없이 카트 내 기기로 해결할 수 있다. 이렇게 되면 인간의 감성이 끼어들 틈이 없으며 사람과 사람 사이에 부딪치는 관계가 무의미하게 된다.

문제는 인간의 가치가 기기보다 못한 상태로 전락할 것이고 영적인 특성은 온데간데없이 사라진다는 것이다.

우리의 미래는 쓰나미와 같은 변화 속에 서 있을 것이다. 좀 더 구체적으로 언급하면 변곡점이라 표현하는 것이 맞다. 인간의 수명은

100년을 넘어설 것이고, 인생의 로드맵은 기존의 방식으로는 유지할 수가 없다. 이렇게 따지고 보면 은퇴 후 60대, 70대 이후의 30년, 40년을 어떻게 살아야 할 것인가에 대한 심각한 고민에 빠질 수밖에 없다.

2020년에는 초고령화 시대, 말하자면 65세 노인이 전체 인구의 20퍼센트 이상을 차지하는 시대에 돌입한다. 이때는 앞서 말한 사물 인터넷이 만물 인터넷으로 변할 것이다. 모든 사물이 인터넷에 의해 조종되고 작동되는 것이다.

이러한 세상에서 우리는 무엇을 할 것인가? 과거 산업혁명이라는 대변혁 속에서 경제 불황, 임금 하락, 고용 감소, 실업자 증가에 맞서 인간이 할 수 있었던 것은 고작 기계를 파괴하는 일이었다. 이러한 문제를 대비하지 않은 인간이 할 수 있는 일은 모든 원인을 기계 탓으로 돌리는 것밖에 없었다. 1800년대 초에 일어난 이 사건처럼 미래에도 인간은 물리적 대응으로 일관해야 할까?

걱정의 마술 램프

지금부터 새 판을 짜야 한다. 인터넷에 의해 좌지우지되는 이 기차를 세우거나 속도를 줄여야 한다. 단순한 혜택만을 추구하는 초스피드에서 천천히, 땀 흘리며 인간적으로 살아가는 본연으로 되돌아가야 한다.

그리고 무엇을 우선순위에 둘지 기준을 세워야 한다. 속도감이 주었던 해악을 꼼꼼히 살피고, 힘들더라도 자신만의 속도로 가야겠다는 심정적인 의지를 키워야 한다.

그렇다면 굳이 미래를 '불안하거나 예측 못한 블랙홀'로 인식하지 않아도 좋다. '노후 관리'라는 일종의 도그마에 빠지지 않고, 가장 확실하게 주어진 '오늘'에 몰두할 수가 있다. 그리고 미래의 '걱정거리'로부터 탈출할 수 있다.

참고로 현대인들에게 많이 나타나고 있다는 램프 증후군은 동화 〈알라딘〉에 나오는 소원을 들어주는 램프 요정에서 비롯된 것인데, 이 증세를 보이는 사람들은 '걱정의 마술 램프'를 가지고 산다는 것이다. 그 걱정의 종류는 거의 발생하지 않는 일들에 관한 것(40%), 현재 돌이켜도 어쩔 수 없는 상황(30%), 자신을 비난하는 다른 사람들(12%), 건강 문제(10%), 이유 있는 걱정(8%)이다. 즉 사람들이 걱정하는 일 가운데 자신이 해결할 수 있는 것은 18퍼센트에 불과하다는 것이다.

다가오지 않은 미래에 대해 지나치게 걱정하거나 불안해할 이유가 없다. 눈에 보이는 상황만으로 미루어 불안해하거나 예측하여 인생의 로드맵을 그리는 편협한 행위는 그만두어야 한다.

어차피 인생은 상수보다 변수에 의해 결정되는 것이 많다. 차라리 그 변수를 기대하고 기도하며 준비하는 것이 낫지 않겠는가?

PART 2

무엇으로 채울 것인가?

: 세상과 허그하고
상상과 리그하라

"저는 대학을 졸업하지 않았습니다"로 시작된
스티브 잡스의 스탠퍼드대학교 졸업식 연설은 이렇게 마무리된다.

"항상 갈망하고, 우직하게 나아가라."
이 연설의 단어를 조합하면 끊임없이 탐구하고 탐색하라는
요지로 귀결된다.

보는 것을 믿는 것이 아니라 믿는 것을 보는 통찰력은
앞서가는 기업의 필수적 요건이 될 것이다.

당신은 목표 발견형인가,
목표 추구형인가?

꿈꾸는 사람들의 시대

미국의 경영학자 제임스 마치는 '바보스러움의 기술(technology of foolish)'이라는 이론에서 탐색과 개발이라는 상반된 개념을 이야기하며, 이 시대가 더 이상 과거의 패러다임이었던 '목표 추구형'이 아니라 새로운 패러다임인 '목표 발견의 시대'로 이미 접어들었다고 말한다.

고도 산업화 과정에서는 이미 주어진 단기적인 목표를 달성하기 위해 자신을 '개발'해 나가는 것이 중요했던 '목표 추구형'의 시대였지만, 이제는 꿈과 상상력, 몰입, 모험을 통해 장기적인 새로운 목표를 '탐색'해 나가는 '목표 발견형'의 시대라는 것이다. 따라서 바보스러움이 경쟁력이 되는 경우도 있다고 강조한다.

내 집 한 칸을 갖지 못해 유목민처럼 떠돌았던 우리 가정이 마침내 문패를 달 수 있었던 것은 오로지 한 가지 목표를 위해 때로는 진저리치게, 때로는 전쟁을 치르듯 사셨던 어머니의 일념 때문이었다. 부양 능력이 별로였던 아버지의 수입을 어머니는 쪼개고, 또 쪼갰다. 아구아구 먹성 좋던 우리에게 늘 주문처럼 요구했던 것은 '아껴라'였다. 물 아껴라, 불 아껴라, 덜 먹어라…. 그리고 어떻게든 돈이 되는 일은 마다하지 않았다.

그러던 어느 날, 우리 가족에게 기적이 일어났다. 한 장로님이 큰 집으로 이사를 가기 위해 살던 집을 싼값에 내놓은 것이다. 우리 집 형편을 잘 아는 장로님의 배려가 담긴 급매물이었던 것이다.

그때 어머니의 보물 창고는 열리기 시작했다. 그것은 마치 〈알리바바와 40인의 도둑〉에 나오는 보물 동굴처럼 보였는데, 어머니는 그 동굴 앞에서 주문을 외우고 계셨다. 아! 나는 그때 알았다. 어머니가 '누울 처소'를 위해 새벽마다 울면서 기도하였다는 것을…. 그리고 한 푼, 두 푼을 모으기 위해 손에 땀을 쥐며 자신의 목표를 위해 힘겨운 발걸음을 하였다는 것을…. 계를 깨고, 심지어 장롱 밑 동전까지 박박 긁어 잔금을 치른 날, 어머니는 감격에 겨워 그 누옥 앞에 서서 한참을 바라보고 계셨다. 어머니는 '집 마련'이라는 목표 추구를 극한 내핍을 통해 '발견형'으로 전환한 것이다.

항상 갈망하고 우직하라

인간의 관성을 일거에 바꾼 스티브 잡스가 인류에게 주문한 것은 '다르게 생각하라'였다. 그는 이 슬로건성 주문을 위해 '철학적 인간'을 자처하고 나섰다. 그래서 그는 확고부동한 목표를 세우고 이 목표를 위해 천천히 탐색해 나갔다. 오늘날 아이팟과 아이폰을 만든 모태가 그의 철저한 목표와 사색에 있음을 아는 이는 그리 많지 않다. 그가 늘 주문하고 다닌 '융합'은 그냥 함축된 언어에 불과하지 않다. 이처럼 새로운 목표를 발견한 이들은 자신만의 융합과 견고한 사상과 철학이 있다.

"저는 대학을 졸업하지 않았습니다"로 시작된 스티브 잡스의 스탠퍼드대학교 졸업식 연설은 이렇게 마무리된다. "항상 갈망하고, 우직하게 나아가라." 이 연설의 단어를 조합하면 끊임없이 탐구하고 탐색하라는 요지로 귀결된다.

세상은 잡스 이후에 무섭게 '목표 발견형' 인간의 각축장이 되고 있다. 그들에게 바뀌어 가는 미래는 촉급을 다투며 경쟁하는 경주용 자동차와 같을 것이다. '인생은 그리 길지 않다. 다른 사람들이 하는 말에 신경 쓰느라 삶을 낭비하지 말라. 당신의 직관과 당신의 심장을 따라 살라'라고 조언한 잡스의 명연설처럼.

결론은 이미 나 있다. 목표 추구의 가식적이고 효용성 떨어지는 놀이는 그만하라. 새로운 목표를 세우고 발견하며 이타적인 공헌에 몰두하라. 여기 이와 관련된 재미있는 일화가 있다.

템플대학교의 창시자 러셀 콘웰 박사는 제2차 세계대전 이후 미국에서 백만장자로 성공한 4,043명을 조사했는데, 그는 성공한 사람들에게서 세 가지 공통점을 발견했다. 첫째는 목표가 아주 분명하였다는 것, 둘째는 목표를 위해 최선을 다한 것, 셋째는 자신의 무능과 무지를 깨닫고 하나님께 기도했다는 것이다.

한 가지 흥미로운 점은 이들 모두가 타인이 생각하지 못한 목표를 발견하고, 오로지 그 길만 정진하였다는 것이다. 그래서 우리는 스스로에게 이렇게 물어야 한다. '나의 목표는 무엇이고, 지금 그 목표를 향해 가고 있는가?' '새로운 목표를 발견하기 위해 나는 어떠한 생각을 구사하고 있는가?'

나의 어머니가 단순히 '집을 사야겠다'는 생각에만 빠져 있었다면, 내 인생의 유네스코에 등재하고도 남을 '우리 집'은 존재할 수 있었겠는가? 피같이 아끼고 무섭게 절약하며 멀게만 보이던 목표를 향한 그 고난의 행군이 있었기에 가능하지 않았겠는가?

따라서 이리저리 흔들리는 깃발 같은 막연한 목표를 두고 헤매기보다는, 땀 냄새가 진동하는 목표 발견형의 부단한 노력이 이 지구의 역사를 써 나가는 것은 아닐까?

당신의 꿈과
세상의 목표를 융합하라

고집스러운 꿈을 가진 기업

개인도 마찬가지겠지만 기업도 꿈을 꾼다. 때론 덩치에 맞지 않게 소박하고 감성적인 목표를 세우기도 하지만, 어떤 기업은 허무맹랑한 슬로건을 내놓기도 한다.

'우리가 경쟁하는 시장에서 고객에게 최상의 체험을 안겨 줌으로써, 세계에서 가장 성공한 컴퓨터 회사가 되자'라는 꿈을 품은 기업은 델 컴퓨터였고, '우리의 비전은 세계에서 가장 뛰어난 퀵 서비스 레스토랑이 되는 것이다'라는 꿈을 품은 기업은 맥도널드였다. 심지어 10의 100승을 의미하는 수학 용어 구골(googol)에서 출발하여 '인터넷의 힘으로 세상을 바꾸겠다'는 힘찬 포부를 가진 구글도 꿈을 품은 글로벌 기업의 성공적인 모델이다. 이런 기업들은 한결같이 자신들의 목표와 세상의 목표를 일치시키려는 '고집스러움'을 가지고 있다.

이런 측면에서 두 사람의 CEO를 소개한다. 한 사람은 기발한 발상과 건강한 경영자 마인드로, 우리나라 여행 산업에 유쾌한 기업 문화를 심을 뿐 아니라 매출에서도 연타석 홈런을 치고 있는 여행박사의 창업자 신창연이다. 그리고 또 다른 사람은 17년 동안 듀폰의 소규모 연구 개발 프로젝트 팀에서 근무하던 중 '관료주의에서 벗어나 자유롭고 즐거운 회사를 만들 수는 없을까?' 하는 질문의 답을 찾기 위해 아내와 함께 자신의 집 지하실에서 고어사를 설립한 빌 고어다.

이 두 사람은 모두 자신의 꿈을 세상이 막연하게 생각했던 목표와 융합시켰고, 메이저가 아닌 마이너의 삶에서 시작해 성공의 정상에 이르렀다.

빌 고어는 고어사를 창립하고, 완전히 수평적인 기업 문화에 기반한 기업 구조를 세웠다. 이를테면 리더를 상부에서 임명하는 대신 민주적인 과정으로 발탁하고, 급여 인상이나 승진도 동료 평가에 의해 이뤄지도록 하였다. 더불어 특정 제품을 중심으로 이루어진 사업 부문은 지나치게 비대하지 않도록 분할하고, 각 팀은 유기적으로 움직이도록 하였다.

마흔여섯에 듀폰을 그만둔 빌 고어는, 1960년 출간된 더글러스 맥

그리거의《기업의 인간적 측면 *The Human Side of Enterprise*》에 감동을 받고 고어사를 설립하였다. 이 책에는 X이론과 Y이론이라는 두 가지 인사관리 접근법이 기술되어 있다. X이론은, 고용인들은 직원들이 오직 돈 때문에 직장에 나오는 사람들이며, 가능한 한 일을 적게 하고 싶어 한다고 보는 것이다. Y이론은, 직원들이 스스로 동기를 부여하고, 일에서 의미를 찾는다고 보는 관점이다.

고어는 이 Y이론에 공감하였고, 설립 초기부터 모든 직원이 회사 성장에 참여하고 회사의 주주가 될 수 있게 하였고, 호칭도 직함 대신 서로 '파트너'라고 부르게 하였다. 사회에서 이상적인 모델로 제시되었지만 아무도 실행하지 못했던 그 목표를 빌 고어는 받아들였고, 정통 경영 관습에 도전하는 신 모델로 정착시킨 것이다.

직원과 고객의 성장을 추구하는 기업

이런 사례를 국내에서 찾자면 여행박사의 신창연 창업자를 꼽을 수 있다. 그는 경북 문경 산동네에서 중학교를 졸업하자마자 '무작정 상경'을 시도하였다. 세상을 알기에 너무 이른 나이인 열다섯 살에 그는 스티로폼 공장에서 일을 시작하여 포장마차, 주간지 판매 등 수십 가지의 아르바이트를 하면서 세상 속에서 자신만의 꿈의 근육을 키워 갔다. 그러던 그가 두 번째의 일탈을 시도했는데, 그것은 검정고시를 통과하고 늦깎이 대학생으로 변신한 것이다.

나아가 그가 결정적으로 세상의 목표와 만나게 된 것은 일본 여행을 통해서였다. 일본의 아름다운 자연경관과 인프라를 보고 반한 그는, 이후 10여 년간 여행사 직원으로 살아간다. 그리고 또 한 번의 일탈을 꿈꾸는데, 그것은 자본금 단돈 250만 원으로 남의 사무실 한구석에 책상을 들이고 직원 세 명과 '여행박사'를 세운 것이다.

그는 대한민국 최초로 밤에 출발하는 올빼미 여행과 비수기 가격 파괴 상품 등을 개발하여 창업 5년 만에 일본 여행 실적 1위, 직원 수 45배, 매출 100배 달성의 신기록을 세우며 여행업계의 '이단아'로 서기 시작했다.

이 성적표를 자세히 들여다보면 '과연 회사 경영이 어떻게 이루어졌기에 이런 성적을 낼 수 있었을까?' 하는 궁금증을 품게 된다. 2013년 매출 수탁고 2,000억 원, 매출액 198억 원, 순이익 4억 원이라는 성적표는 '일도 인생도 무조건 재미있어야 한다'라는 창업자이자 CEO였던 그의 고집스런 모토가 만들어 낸 결과였다.

먼저 그는 '재미있는' 회사를 만들고자 노력했다. 그 대표적인 예가 사장과 간부를 여행박사 직원들이 투표를 하여 선출하는 것이다. 그가 대표이사에서 창업자라는 자연인(?)으로 물러선 것도 직원들의 투표에 의해서였다. 그는 고졸 출신의 젊은 청년에게 CEO의 자리를 넘기고 표표히 유학길에 오르기도 하였는데, 그의 이런 기행을 두고 일부에서는 버진그룹의 리차드 브랜슨에게 비유하며 칭찬하였고, 반대로 이단아라고 폄훼하기도 했다.

2013년경에 신창연 창업자를 인터뷰하기 위해 처음 여행박사 사무실을 방문하게 되었다. 사무실은 작은 규모였으나 마치 직원들의 놀이터 같았다. 한눈에 자율을 중시하는 회사의 분위기가 느껴졌다.

신창연 창업자의 기업가 마인드는 분명했다. 첫 번째는 고객에 대한 진정성, 두 번째는 직원에 대한 진정성이었다. 그는 고객들이 여행을 통해 기쁨을 얻는다는 기본 정신을 살리기 위해, 쇼핑 및 옵션을 제외한다고 했다. 그리고 더 저렴한 비용으로 더 많은 곳을 여행하고 누릴 수 있도록 일정과 코스를 정리했다.

이를 위해 전철을 이용하게 하고, 숙소도 가장 저렴하게 이용할 수 있는 방법을 찾아 추천했다. 때로는 다른 여행사로부터 공격을 받기도 했지만, 그래도 고객이 손해 보게 하지 않겠다는 경영 철학에는 흔들림이 없었다.

직원에 대해서도 마찬가지다. 여행박사를 함께 끌고 갈 믿을 만한 사람을 발굴하기 위해, 그는 먼저 회사가 믿을 만한 곳이 되어야 한다고 생각했다. 그리고 그들이 회사에서 능력을 백 퍼센트 발휘할 수 있도록 그만큼 충분히 지원해 주어야 한다고 생각했다. 이를 위해 그는 직원들 스스로 효율적인 업무 방식을 찾고 자율적으로 움직이는 시스템을 구축하고 있다.

예를 들어 출근 시간을 앞당길 경우 그에 따른 인센티브가 있다. 자기계발을 위한 비용이나 독서 장려금, 자녀 양육비 등도 지급된다. 차량 소지자에게 유류대 및 주차비를 지급하고, 비상시 직원이 운전을 하게 되는 경우에는 운전 수당을 지급한다. 지방 근무자들에게는 사택을 제공하거나, 긴급 자금을 무이자로 빌려 주기도 한다. 사내 추천을 통해 뽑힌 모범 사원에게 상금도 지급한다.

그는 기업에 속한 직원과 고객이 함께 성장하는 것이 외적인 성장보다 더 중요하다고 강조한다. 이것이 실현되기 위해서는 기업가 정신과 윤리, 철학이 사업 현장에서 구현되어야 하기 때문에 직원 복지에 더더욱 신경을 쓴다는 것이었다. 무엇보다 그는 직원 개개인의 능력을 인정함으로써 직원들이 두려움 없이 자신의 가능성을 펼칠 수 있도록 돕고자 한다.

물론 이들도 여러 위기를 겪었다. 그러나 창업자와 직원 간의 자율성은 위기에도 유연하게 대처하는 내성을 키워 놓았다. 위기 상황을 인정하고 받아들이면서 도약의 기회로 삼는 적극성을 보인 것이다.

창업자 신창연은 한국에서 수평적 기업 구조를 일궈 냈다. 본인이 직장인으로서 느꼈던 결핍을 동력화하여 새로운 회사를 만들어 냈고, 그 가치는 직원과 고객들이 인정하는 오늘에 와 있었다.

비워진 공간의 크기만큼 기회가 온다

가능성만 보고 뛰어든 무모한 도전

기업 컨설팅을 하다 보면 '블루오션' 개념의 수익 모델을 찾기란 하늘의 별 따기다. 동종 업체뿐 아니라 이종 업체의 경쟁 구도는 가뜩이나 불황기로 주눅이 든 기업을 더 움츠리게 한다.

애플과 구글처럼 상상 속에 있는 미래를 현실로 견인할 기술을 가진 경우가 아니라면 온갖 발품을 팔아야 하는 일들로 수익 모델을 삼는 경우가 비일비재하다. 머리를 많이 쓰거나, 손발을 부지런히 움직여야 하는 것은 어떻게 보면 기업의 운명인지도 모른다.

필자가 최근 '마케팅 다변화'의 주제를 두고 연구 중인 이트너스의 경우가 그렇다. 이 기업은 총무와 인사 등의 업무를 지원하는 비즈니스 프로세스 아웃소싱 업체다. 진입 장벽이 낮아 차별화된 수익 모델과 경쟁력을 갖추기 쉽지 않은 시장 환경에서도 쑥쑥 성장해 왔다. 유휴 자산 매각이나 급여 대행, 자산 실사, 스마트 오피스 등의 비즈니스 모델이 있지만, 그들이 새로 도전한 해외 주재원을 위한 물자 지원 서비스는 흔히들 경영학자가 언급하는 '진입 장벽'이나 '경쟁력'과는 무관해 보인다.

다음에 소개하는 두 편의 고객 수기는 해외 주재원의 고충과 이들을 필연적으로 지원해야 하는 기업의 고민을 엿보게 한다.

* 아내의 입덧, 라면조차 거부당하는 현실에 낙담!
한 치 앞을 모르는 게 사람 일이라 했던가! 7년 동안의 노력에도 이루어지지 않았던 임신이었다. 지쳐 가는 아내를 위해 선택한 해외 주재원이었는데, 낯선 오지에서 주재원 생활을 시작한 지 9개월 만에 기적처럼 아내의 입덧이 시작되었다. 가족들은 모두 한국으로 빨리 돌아와야 한다며 염려했지만, 아직 3년 이상 남은 주재원 재임 기간에 대한 책임감과, 임신 초기라는 불안감에 아무런 결정도 내리지 못했다.

입덧이 심해진 아내는 현지 음식을 다 게워 내면서 '한국 라면 국물 한 모금'만을 애타게 찾으며 점점 말라 가고 있었다. 당장 한국 회사에 이러한 사정을 이야기하며 '라면'을 보내 달라고 요청했지만 회사 측은 난색을 표했다. 문화 차이나 종교적인 이유 등으로 '소고기가 포함된 분말 스프'는 현지 세관에서 폐기 처분 대상이 되기 때문이다. 해외 주재원을 자원한 것이 가장 후회된 순간이었다.

* 차진 쌀밥과 얼큰한 김치 한 쪽으로 현지의 어려움 잊어

자동차 뒷바퀴에서 날아오는 먼지가 차 안을 가득 메운다. 습기로 온몸이 끈적거려 에어컨을 틀었지만 작동하지 않아 별수 없이 창문을 열었기 때문이다. 사방에서 썩어 가는 소의 배설물이 악취를 풍기며 먼지에 섞여 들어와 땀에 얼룩진 옷과 살 위로 들러붙는다. 상쾌함을 느끼고 싶어 물을 찾지만 업무를 마치고 집으로 향하는 길이라 준비해 온 생수가 떨어져 마른 침만 연신 삼킨다. 집으로 돌아가는 길은 아직도 멀기만 하다.

지난주 주문한 한국 식품들이 도착했다고 집에서 연락이 왔다. 차지고 윤기 있는 하얀 쌀밥 위에 얼큰한 김치 한 쪽을 쭈욱 찢어 한입 가득 넣고 꼭꼭 씹어 먹을 생각을 하자 참고 있던 허기가 밀려온다.

속도를 내고 싶어 창밖으로 고개를 내밀어 거리를 본다. 저녁노을 속에서 맨발의 사람들과 여유로운 소들의 행렬 사이로 느리고 무질서하게 이동하는 자동차들이 눈앞에 펼쳐진다.

'아, 나는 인도에 있구나.' 1년이나 지내 온 인도 생활 중 정말 이상하리만치 이질감이 느껴지는 피곤한 하루였다.

위 글에서도 짐작할 수 있듯이, 타국에서의 현지 적응은 간단하지 않다. 가족과 함께 타국에서 생활한다는 것은 본인에겐 막대한 부담이요, 스트레스이고, 주재원을 관리하는 기업의 인사 담당자에게도 난제가 아닐 수 없다.

두 사례에서 보듯이 '해외로의 물자 배송'은 날씨, 종교, 문화 등의 제약과 더불어 배송 루트 개척 또한 상당한 시행착오를 겪어야 하므로, 가능성만 보고 뛰어들기에는 복잡하고 미묘한 시장이었다. 그동안 총무 업무 위주로 수행해 온 이트너스의 입장에서는 위험한 도전이었지만 한편으로는 기회였다.

일례로 오지 국가의 경우 선진국과 다른 세관 기준을 갖고 있어, 박스에 담긴 상품 중 자국의 기준과 부합되지 않은 상품이 하나라도 있을 경우 박스 전체를 폐기하거나 되돌려 보낸다. 게다가 체계화되지 않은 통관 절차로 인해 상품이 장기간 방치되어 식품이 변질되기도 하고, 포장이 파손되거나 항공기 기압에 견디지 못해 훼손되는 것도 감수해야 한다. 이런 실질적인 리스크를 떠안고도 이를 수익 모델로 정착시켜야 하기 때문에 이러한 사업 시행은 편하게 결정할 사안이 아니었다.

보는 것을 믿는 것이 아니라, 믿는 것을 보는 통찰력

하지만 이들은 과감하게 진입을 결정하였다. 당시의 복잡한 속내 대신 기업의 미션을 강조하는 임각균 대표의 결단은 단호해 보였다.

"평소 우리가 하는 서비스만을 고집하거나 우리가 잘해 왔던 것만 계속하면 안 됩니다. 익숙하지 않아 어렵고 힘들더라도 고객이 원하고 고객의 불편이 해소된다면, 그에 맞는 서비스를 제공하고자 끊임없이 새로운 일에 도전해야 합니다."

그들은 해외 물자 배송의 열악한 환경을 개선하기 위해 그야말로 고군분투하였다. 이를테면 국가별 금지 품목을 정리하고, 상품별 특수 포장을 연구하고, 현지의 엄격한 기준 때문에 통관이 어려운 상품은 현지 통관과 연계된 파트너를 물색하여 해결 방법을 찾는 기민성도 발휘하였다.

특히 가장 큰 문제점으로 지적된 배송 박스는 고강도 골지 박스로 업그레이드하였고, 액체류의 경우 특수 테이프 및 에어캡, 고정 박스 등으로 삼중 포장하였다. 또한 신선도가 생명인 냉장 식품은 생산 당일 출고하여 즉시 비행기에 실음으로써 배송 기간 때문에 벌어지는 문제를 최소화하였다.

이들의 노력은 헛되지 않아 국내 굴지의 대기업은 물론 해외 시장에 진출한 중소기업들의 주문이 쇄도하기 시작하였다. 이트너스는 전화나 이메일 주문에 불편함을 호소하는 고객사를 위해 '이트너스몰'이라는 복지몰 형태의 웹사이트를 오픈하였다. 그리고 이 사이트에 주재원들의 선호도가 높은 700여 가지의 식품, 200여 가지의 생활용품, 50만 점 이상의 도서들을 구비해 놓았다.

이밖에 해외 이사 서비스 등의 유관 모델까지 개발하여 한 차원 더 업그레이드된 사업 모델을 통해 차별화된 경쟁력을 발휘하고 있다.

만일 앞에 언급한 대로 성공보다는 실패의 가능성에 집중해서 한 걸음 물러섰다면 어떤 결과가 나타났을까? 기업은 몰려드는 경쟁사를 물리치고, 시어머니처럼 까다로운 고객의 요구를 맞추어 가며 수익을 올려야 하는 상황에 계속 놓여 있었을 것이다.

그런데 이트너스는 보장된 수익도 없고, 사업으로서의 전망도 보이지 않을 뿐더러 수없이 많은 리스크가 존재하는 이 시장에 뛰어들었다. 그것은 비워진 공간을 채우며 새로움의 기회를 기다린 개척자의 신념이 아니었을까?

보는 것을 믿는 것이 아니라, 믿는 것을 보는 통찰력은 앞서가는 기업의 필수적 요건이 될 것이다.

자신이 경험한 결핍을 목표로 삼아 고집스럽게 나아간 기업이나, 남들이 진입하지 않는 블루오션을 어렵게 개척한 기업의 사례를 통해 이제 어떻게 나와 상대의 결핍을 발견하고, 무엇으로 채울 것인가를 고민해야 하는 시점에 왔다.

통찰력이 바꾼
결핍의 성공 모델

엘리베이터 안의 거울이 주는 전략적 의미

지금은 엘리베이터에 거울이 있는 것이 당연하게 여겨지지만 과연 엘리베이터가 처음 만들어졌던 초창기에도 거울이 존재했을까?

1853년, 당시 엘리베이터 제조사였던 미국의 오티스사는 고민이 이만저만이 아니었다. 엘리베이터의 속도가 너무 느려 고객들의 불만이 많았는데, 이것은 쉽게 해결할 수 있는 문제가 아니었다. 고객의 요구대로 속도를 빠르게 하기 위해서는 그만큼의 시간과 기술, 그리고 비용이 들었기 때문이었다.

이 난제에 매달린 회사 경영진에게 구원투수로 나선 것은 한 여성 엘리베이터 관리인이었다. 그녀가 제안한 것은 엘리베이터 안에 거울을 붙여 놓아 속도를 인지하지 못하도록 하자는 것이었다. 그것은 고도의 심리전술로, 거울 앞에 선 사람들의 심리를 포착해 낸 남다른 시각의 성과였다.

초기 사업 모델을 버린 스타벅스의 재탄생

스타벅스의 초기 사업 모델은 '이탈리안 커피숍'의 재현이었다. 매장에는 오페라를 틀어 놓았고, 종업원은 반드시 나비넥타이를 맸으며, 의자 없이 서서 즐길 수 있는 바를 설치하였다. 오늘날의 스타벅스 매장에서는 상상할 수 없는 모습이다. 이렇게 함으로 최대한 이탈리아의 냄새를 풍기자는 것이 경영자의 의도였다. 그렇게 해서 작은 소품 하나하나에서 메뉴판까지 이탈리아어로 쓰인 스타벅스가 되었다.

하지만 시간이 흐르면서 그들은 비싼 수업료를 의미 없이 치르고 있음을 알았다. 스타벅스는 고객의 요구에 맞게 음악을 바꾸고, 바에 의자를 가져다 놓았으며, 절대로 제공하지 않겠다던 무지방 커피도 제공하였다. 이는 기존의 시행착오를 딛고 스타벅스만의 고유 스타일을 재창출한 통찰력의 결과였다.

상대방 브랜드의 위치 옮기기

경쟁이 치열한 시장에서의 차별화는 단순히 제품의 장점만 부각시키는 것으로는 해결되지 않는다. 부정적이고 곤란한 이미지를 상대방에게 뒤집어씌우고 자신은 고고한 존재로 남는 전략적인 방법도 차원 높은 공략법이다. 진통제로 알려진 타이레놀은 다음과 같은 카피로 적수인 아스피린을 곤경에 빠뜨렸다.

"혹시 위장장애, 위궤양, 천식, 알레르기, 철 결핍성 빈혈 등이 있다면 아스피린을 드시기 전에 의사와 상담하는 것이 좋습니다."

어쩌란 말인가! 아스피린을 부담 없이 복용할 수 있는 좋은 진통제 위치에서, 위궤양이나 천식이 있는 사람은 복용이 곤란한 브랜드로 그 위치를 옮겨 놓았다.

하나가 깨지면 모든 것이 깨진다

루돌프 줄리아니가 1994년 뉴욕 시장에 취임하면서 외친 한마디는 '빨간불일 때 횡단보도를 건너는 사람을 막을 수 없다면, 강도도 막을 수 없다'였다.

그는 실제로 시장으로 업무를 시작하면서 마약, 강도 등의 강력범죄에 손대기보다는 무임승차, 낙서, 차 유리를 부수는 경범죄부터 집중 단속하기 시작했다. 초기에 시민들은 그의 선포를 비웃었으나 결과는 놀랍게도 연간 2,000건에 달하던 살인 사건이 순식간에 1,000건 이상 감소하였다.

이것은 그 유명한 '깨진 유리창의 법칙'에 입각하여 나온 것이다. 깨진 유리창의 법칙은 제임스 윌슨과 조지 켈링에 의해 미국 범죄학에서 연구되어 정리된 법칙으로, 건물의 깨진 유리창을 방치하면 그 일대가 무법천지가 된다는 것이다. 문제는 사소한 것에서 발생하기 때문에 간과하기 쉽고 예방이 어렵다는 것과, 문제가 확인되더라도 소홀히 대응하면 문제가 커져 치료에 몇 배의 시간과 노력이 든다는 교훈을 전한다.

모두가 리더일 수는 없다

영국 케임브리지 경영대학원의 최고경영자들이 듣는 수업에서 두 그룹을 나누어 팀 별로 가상 비즈니스 문제를 주고, 해결 방안을 찾을 것을 지시했다. 그리고 거기에 대한 반응을 지켜보았다.

특이한 것은 두 팀의 성격이었다. 한 팀은 최고의 아이큐로 이루어진 그룹이었고, 또 다른 팀은 상대적으로 낮은 아이큐를 지닌 그룹이었다. 과연 이들의 경쟁 결과는 어떻게 나왔을까?

더 좋은 결과를 도출한 팀은 후자였다. 전자는 구성원들이 모두 자신의 생각이 옳다면서 경쟁적 토론에 많은 시간과 에너지를 소비하였다. 이른바 지적 쇼맨십으로 주어진 시간의 상당 부분을 소비하였으며, 이들 모두가 주어진 과제의 이론 분석에만 몰두하였다. 아쉽게도 이를 실행에 옮기고 관리하는 이가 없었다. 그러나 후자의 팀은 자신의 한계를 자각하고 서로의 특기를 살려 역할을 분담하였다. 이를테면 뛰어난 아이디어를 가진 사람, 실천에 옮기는 전략가와 행동가, 실수를 챙기는 관리자가 그것이었다.

모두가 리더여서는 일이 진행되지 않는다. 모두가 똑같은 특기를 가지고 있어도 마찬가지다. 자기의 강점과 약점을 인지하고, 서로를 돕고 채워 주는 것이 성공적인 결과를 가져다 줄 수 있음을 보여 주는 사례다.

그들은 어떻게 백만장자가 되었나

미국의 작가요, 강사인 데일 카네기 밑에는 43명의 백만장자가 고용되어 있었다. 이 사실을 알게 된 기자가 데일 카네기에게 "어떻게 그렇게 많은 부자를 고용하게 되었습니까?"라고 물었다. 그러자 그가 정색을 하며 이렇게 대답했다.

"저는 백만장자를 고용한 적이 없습니다. 우리 직원이 회사에 입사할 때는 누구도 백만장자가 아니었습니다. 그러나 그들이 여기서 열심히 일했기 때문에 백만장자가 된 것입니다."

인생에 요행은 없다. 비전을 품고 얼마나 이를 성실하게 실천해 가느냐는 것 외엔 말이다.

보이는 것이 다는 아니다

스티븐 레비가 구글에 대해 쓴 책인 《인 더 플렉스 *In The Plex*》에는 S그룹의 방문기가 적혀 있다. 안드로이드의 창립자이자 구글 부사장인 앤디 루빈은 2004년 한국의 S그룹을 방문하였다. 그때 그는 모바일 업계를 방문하며 자신이 개발한 안드로이드를 소개하고 인수합병을 제안하고 다녔다.

한국의 선두 기업인 S그룹을 방문했을 때 그와 그의 동료는 S그룹의 거대한 회의실로 안내를 받았다. 그곳에는 감색 양복을 잘 차려입은 20명 정도의 중역이 도열해 있었다. 이와 대조적으로 루빈은 청바지 차림이었다. 본부장이 도착하자 마치 각본에 있는 것처럼 모두 다 자리에 앉았다.

루빈이 프레젠테이션을 마치자 본부장은 크게 웃음을 터뜨리며 이렇게 말했다고 한다.

"당신 회사에는 8명이 일하고 있군. 그런데 나는 그 대단치 않은 일에 2,000명을 투입하고 있다네."

이 거들먹거림이 후일 S그룹에 통탄한 결과를 낼 것이라 예측한 이는 아무도 없었다. 2005년 초 구글은 안드로이드를 매입하였고, 그 8명은 구글로 옮겨갔다. 안드로이드는 세계 1위의 모바일 OS가 되었다.

피레네산맥 지도로 알프스산맥을 넘다

어느 날 알프스 깊은 산중에서 훈련 중이던 스위스 산악부대원들이 갑자기 닥친 폭설에 길을 잃고 조난당했다. 한 치 앞도 보이지 않을 정도로 눈이 계속 내렸고, 여러 날을 헤맨 대원들은 모두 탈진하여 한발자국도 움직일 수 없었다. 대원들이 절망하여 죽음에 직면해 있을 때, 한 병사가 뜻밖에도 자기 배낭에서 지도를 발견하였다. 대원들은 그 지도를 따라 가장 가까운 마을이 있는 방향으로 무작정 걸었고, 모두 구조되었다.

나중에 구조대가 도착한 후 이들은 놀라운 사실을 알게 되었다. 그들이 본 지도는 알프스산맥이 아닌 피레네산맥의 지도였다.

단 한 명의 반대 의견이 회사를 살린다

미국 투자회사 뱅가드는 미국 경제 위기가 발발하기 전, 그 당시 대세였던 서브프라임 모기지 상품에 대한 투자를 피하라는 애널리스트 한 명의 반대 의견을 적극 수용하였다. 그가 지적한 상품은 놀랍게도 미국을 비롯해 세계를 붕괴시킨 주범이었다.

결국 이 상품의 주요 매도자이자 매수자인 리먼 브러더스는 파산했다. 단 한 명의 반대 의견도 타당한 이유라면 편견 없이 받아들인 뱅가드의 기업 문화가 놀랍다.

실패하라,
단 포기하지 말고
반올림하라

낭패의 경험에서 탄생한 다이너스클럽

1950년 시카고의 사업가 프랭크 맥나마라가 뉴욕의 한 고급 레스토랑에서 고객들을 초대해 저녁 식사를 대접했다. 식사를 마치고 계산을 하려는데 아뿔싸! 지갑을 두고 온 것이었다. 결국 그의 아내가 와서 음식 값을 지불한 뒤에야 레스토랑을 나올 수 있었다.

그는 다른 사람들도 종종 이러한 낭패를 경험한다는 것을 알게 되었다. 그는 현금 없이 자신의 신용도만으로도 결제를 할 수 있는 방법을 고민했다. 그는 이러한 고민을 변호사 랄프 슈나이더와 함께 해결했다. 이렇게 해서 탄생한 것이 다이너스클럽이다.

다이너스클럽(Diners Club)은 글자 그대로 '저녁을 먹다(dine)'에서 나온 '다이너(diner)'와, 동료 또는 멤버십의 의미를 담고 있는 '클럽(club)'을 조합해 만든 이름이다. 즉 '식사하는 사람들의 클럽'이라는 뜻이다.

다이너스클럽 카드는 200명의 회원과 14개 가맹점으로 출발했는데, 초기에는 주로 식비 지불용으로 사용했다. 회원은 프랭크와 랄프의 친지와 친구들이었고, 카드를 받아 준 곳은 뉴욕에 있는 식당들이었다.

이후 다이너스클럽 카드는 계약한 가게에서만 쓸 수 있는 하우스 카드의 불편한 점을 대폭 보완했다. 이를테면 이용 가능한 장소를 제한하지 않고 가맹점인 호텔, 음식점, 오락 시설에서도 사용할 수 있게 했다. 우리나라에도 1984년에 다이너스클럽 카드가 상륙하였는데, 대기업 임원 등 고액 소득자의 전유물처럼 여겨져 당시에는 이 카드를 보유만 해도 부러움의 대상이 되었다.

그럼 신용카드는 다이너스클럽 카드에서 비롯됐을까? 그렇지는 않다. 다이너스 카드는 현대식 신용카드의 원조일 뿐이다. 신용카드의 역사는 꽤 오래되었으며, 120여 년 전에 이미 신용카드라는 용어가 등장하고 있었다. 1888년 미국의 에드워드 벨라미의 저서《뒤를 돌아보며 Looking Backward》에 화폐 없이 모든 생필품의 구입과 소비생활을 영위하는 지급 결제 수단에 대한 설명이 나오면서, 크레딧카드(Credit Card)라는 용어가 최초로 사용되었다.

반올림의 힘

앞서 설명한 대로 우리는 결핍을 결핍인 상태로 방치하지 않고 긍정적인 시각으로 에너지화(반올림)하여 새로운 결과를 얻어 내는 사례를 보았다.

미국 제일의 동기부여 전문가이며 자기 계발 분야의 베스트셀러 작가인 브라이언 트레이시도 결핍의 아이콘이었다.

그는 불우한 가정에서 태어났으며, 학교생활과 성적도 그다지 시원치 않아 자의 반, 타의 반으로 고등학교를 중퇴하였다. 그가 생존을 위해 선택한 것은 호텔 주방에서 접시를 닦는 것이었다.

이후에도 목재소, 주유소, 화물선 잡역부 등을 전전하며 삶을 이어 갔다. 끼니는 아무 때나 때우고 밤이 되면 낡은 중고차에 지친 몸을 뉘였다. 일당을 받기 위해 판매 영업에도 뛰어들었지만 실적은 바닥을 쳤다.

그는 자신의 인생에 무언가 강한 동기를 부여하지 않으면 안 될 처지에 놓였다. 그때 그가 한 일은 종이 한 장을 펴고, 방문판매를 통해 한 달에 1,000달러씩 벌겠다고 스스로에게 약속하는 것이었다. 언제나 숙명처럼 따라다닌 '실패'에 대해 그는 이렇게 말한다.

"시도한 모든 일에서 나는 실패를 경험했다. 나는 거기서 좌절과 실망, 일시적 실패는 숨을 들이쉬고 내쉬는 것만큼 자연스런 일이라는 것을 배웠다. 나는 학교에서 실패했고, 수많은 직업에서 적어도 처음에는 실패했다. 세일즈맨이 되었을 때 수백 번의 실패를 경험했고, 경영진이 되어서도 끝없는 실수를 저질렀다. 나는 성공하기 전에 내 인생의 모든 단계에서 실패하고 또 실패했다."

그는 목표 설정을 한 후 내면의 큰 변화를 겪으며 새로운 인생을 살게 된다. 그는 인력 개발 회사인 브라이언트레이시인터내셔널을 창립했고, 힘겨웠던 삶을 자양분으로 삼아 최선을 다해 회사를 운영한 결과 연간 매출이 3,000만 달러를 넘게 되었다.

그는 자신에게 맹세한 월 1,000달러의 급료를 받게 되었다. 또한 뒤늦게 공부를 시작하여 MBA 취득은 물론 경영학 박사 학위를 받음으로 세계적인 비즈니스 컨설턴트이자 전문 연설가로 업그레이드한다.

그는 25만 명의 사람들과 전 세계 1,000개 이상의 회사를 상대로 강연회를 진행했다. 연초에 이미 그해의 스케줄이 가득 차 있을 뿐 아니라 100회 이상의 세미나와 워크숍을 주관하기도 했다.

그의 프로필을 좀 더 자세히 들여다보면 그가 언제 실패를 운명처럼 달고 다녔는지 믿기지 않을 정도다.

그는 사람들에게 리더십, 매니지먼트, 세일즈, 전략 플래닝, 성공, 자기 계발과 커리어 계발, 목표, 시간 관리, 창조성, 자긍심 등 다양한 주제로 강연하고 있다.

그렇다. 결핍이라고 절망하거나 포기하지 말라. 그 결핍을 반올림하다 보면 우리가 꿈꾸지 못한 이데아의 세계를, 변화된 지식을 만나게 된다.

또한 결핍을 에너지로 바꾸는 습관을 우리 삶 속에 적용시켜 보라. 그 작은 반올림이 주는 커다란 파장을 몸으로 체험하는 것도 성공을 꿈꾸는 우리가 해야 할 훈련이다.

PART 3

결핍 에너지의
패자 부활 신화
: 돌밭 뒤의 꽃길 걷다

문 닫는 상가가 한 집 건너 한 집씩 나타나고 불 꺼진 상가가 늘어날 때
그들이 최후 수단으로 잡은 것은 '핵심 가치'였다.

'어려울수록 핵심 가치에 집중하라'라는 경영 논리를
이들은 망해 가는 자신들의 사업장에 주저 없이 적용한 것이다.

말하자면 전통시장의 번잡함과 불편함을
오히려 확실한 경쟁력으로 삼은 것이다.

서로의 결핍을 공유하고, 이를 공동된 가치로 전환하여
서로 상생할 수 있는 에너지로 전환하는 멋진 시도들이다.

절망의 디트로이트,
희망을 발견하다

포커스호프, 결핍에서 출발하다

1995년 미시건대학교 경영대학원은 올해의 비즈니스 리더십 수상자 두 명을 발표하였는데, 발표 후 전 세계는 깜짝 놀랐다. 수상자는 유명 경영인도, 저명한 학자도 아닌 그저 평범한 가정주부와 수도사였기 때문이다. 그들이 수상의 영예를 안게 된 것은 그로부터 약 30년 전에 시작한 그들의 나눔 비즈니스 덕분이었다.

1967년 디트로이트 빈민가에서 시민 폭동이 일어났다. 인종차별이 발단이 되어 일어난 폭동으로 인해 디트로이트 시 전체는 그야말로 아수라장이 되었다. 수도사 윌리엄 커닝햄과 가정주부 엘리노어 조사이티스는 빈민들의 참상을 목격하고는 '이들을 위해 무언가를 해야 한다'라고 생각하였다.

이후 그들은 주저함 없이 '포커스호프(Focus Hope)'라는 단체를
결성하고, 우선적으로 빈민가의 아이들과 엄마들이 영양실조에 걸
리지 않도록 우유와 음식을 공급해 주는 식료품 무상 공급 프로그램
을 운영하였다. 당장에 필요한 것들을 해결한 후 이들은 새로운 문
제를 두고 고민했다. 궁핍의 원인이 배운 기술이 없다는 것에 있었
고, 그래서 직업이 없다는 것이었다.

'어떤 기술을 가르칠까? 어떻게 해야 이들이 지긋지긋한 빈곤에
서 벗어날 수 있을까?' 이 고민을 하는 중에 그들의 눈에 들어온 것
은 자동차 회사였다. 디트로이트는 세계 자동차공업의 중심 도시였
고, 그에 따른 인력 수요도 많았다. 이들은 빈민가 사람들에게 자동
차 관련 기술을 가르치기로 마음먹고, 이왕 시작할 바에 단순 기계
공이 아니라 세계 최고 수준의 기계공으로 육성하겠다는 포부를 가
졌다.

누가 봐도 이 포부는 황당하거나 허무맹랑한, 세상 물정 모르는
이의 넋두리 같은 것이었다. 그러나 그들은 강인한 마음을 가진 사
람들이었다. 우선 두 사람은 교육 프로그램을 구체적일 뿐 아니라
실무에 바로 적용할 수 있을 정도로 효용성이 높은 것으로 구성하
였다.

그리고 문맹에 가까운 이들에게 속성 훈련 프로그램을 실시하여
계산 및 언어 능력을 향상시켰고, 이런 교육은 점차 최종 목표에 다

가갈 힘이 되었다. 이 기초 과정을 거쳐야 1년 과정의 정식 기계공 훈련원에 입학할 수 있는 기회가 주어졌다. 훈련원 우수 졸업생에게 는 취업을 알선하거나, 심지어 이들이 만든 제품을 자동차 회사에 납품할 수 있도록 지원하였다. 이런 과정을 진행하면서 윌리엄 커닝 햄과 조사이티스는 이들에게 이런 메시지를 전했다.

"어느 누구도 여러분에게 무엇을 주어야 할 의무는 없습니다. 원 하는 것이 있다면 스스로 땀을 흘려야 합니다."

이들은 단순히 꿈을 가지라고 독려만 한 것이 아니라 미국 굴지의 6개 대학과 협력해 고급 기술 훈련원을 만들었으며, 문맹이었던 빈 민가 사람들에게 산업공학 및 기계공학 학위를 취득하게 하였다. 그 래서일까? 포커스호프와 협력 관계를 맺은 한 기업가는 "우리가 포 커스호프로부터 물품을 사는 것은 그들을 동정해서가 아니라 그들 의 제품이 최고 수준이기 때문이다"라고 언급하기도 하였다.

희망을 품을 수 있는 마음 밭을 가꾸다

포커스호프는 단순히 기술만 가르치는 것이 아니라 심리 치료에 도 적극적이었다. 빈민가 흑인들의 인종적 피해 의식과 패배감 그리 고 열등감을 없애는 데 주안점을 두었다. 윌리엄 커닝햄과 조사이티 스는 그들의 상처를 어루만져 주고, 새로운 희망과 비전을 위한 격 려를 아끼지 않았다.

위로에서 나아가 현실을 이겨 내는 도전 의식 교육도 이어졌다.

"우리의 목적은 단순히 여러분에게 기술을 가르쳐 직장을 찾아 생계를 유지하게 만드는 것이 아니다. 우리는 세계 시장의 판도를 바꿀 수 있는 능력 있는 엔지니어를 원한다."

이 말은 단순한 미사여구가 아니었다. 그들은 경쟁력 있는 프로그램으로 모두가 바뀌기를 원했다. 그래서 철저한 관리를 실행했다. 이를테면 1분이라도 지각하면 단호하게 엄벌하고, 숙제를 하지 않은 학생은 이유를 막론하고 퇴교 조치를 하였다. 이런 가혹한 조치는 심한 반발에 부딪히기도 하였지만, 그들은 그럴 때마다 이렇게 설명하였다.

"여러분은 남들보다 뒤처져 있고 상황도 매우 불리합니다. 그렇게 시작했는데 어떻게 나태한 자세로 저 무서운 세상에서 살아남을 수 있겠습니까? 여러분이 세상에 나가 일할 직장은 어느 곳이든 지각을 용납하지 않습니다. 그러므로 우리도 용납하지 않는 것입니다. 정신 차리십시오! 그래야 살아남습니다."

원칙은 세워졌고, 이것을 따르는 사람들에게는 확실한 혜택을 주었다. 빈민가 사람들은 빈곤의 악순환을 이겨 내려면 패배감과 열등의식, 그리고 게으름에서 벗어나야 하며 최고가 되지 않는 한 결코 세상과의 경쟁에서 이길 수 없다는 것을 알게 되었다. 현실을 직시하고 현실을 이겨 내라는 미션을 두고 그들이 말했다.

"우리는 지금 불쌍한 사람을 돕는 일을 하는 것이 아니라, 경쟁력 있는 전문가를 만드는 일을 하고 있습니다. 만약 그것을 받아들일 수 없다면 우리도 당신들에게 아무것도 해 줄 수 없습니다."

이들이 기업처럼 기술을 연마하도록 몰아치기만 한 것은 아니었다. 일하는 사람들이 편안하게 일할 수 있도록 여러 군데 빈틈없이 투자하였다. 예를 들면 아기를 데리고 오는 엄마들이 안심할 수 있도록 현대식 시설을 갖춘 탁아소를 만들었으며, 훈련 센터에는 인터넷을 비롯한 최첨단 장비를 갖추었다. 간혹 '훈련 센터에 왜 첨단 장비가 필요하느냐'라는 불만이 들어오면 그들은 한결같이 이렇게 반문하였다고 한다.

"우리는 자존감이 낮은 빈민가 학생들에게 최고의 사람이 되어야 한다고 강조합니다. 그들은 최고의 대우를 받을 자격이 있어요. 최고의 교육을 위해서는 당연히 최고의 장비가 필요하지 않은가요?"

우리는 여기서 두 리더의 사고방식뿐 아니라 이들이 천명한 대로 행동하였는지 살펴볼 필요가 있다. 리더는 '끄는' 사람이기보다 함께 걸음을 맞춰 가며 밀어 주는 '미는' 사람이기 때문이다. 이 두 사람은 솔선수범 그 자체였다. 학생들과 같은 시각에 출근해서 함께 땀 흘리며 하루를 똑같이 생활했다. 개인 사무실도 없이 학생들과 같은 책상을 나누어 쓰고, 공부하는 이들에게 틈틈이 자존감과 비전을 심어 주었다.

세상은 이 두 사람에게 최고의 비즈니스 멘토라는 호칭을 마다하지 않았다. '올해의 비즈니스 리더십 상'을 수상한 다음 해인 1996년,

윌리엄 커닝햄은 자동차 회사의 임직원들에게 리더십의 정의를 이렇게 내려 주었다.

"사람들에게 비범한 비전을 던져 주고 그들로 하여금 우리는 해낼 수 있다는 자신감을 가질 수 있도록 끊임없이 격려해 주는 것, 이것이 리더십입니다."

이 리더십의 근원은 어디서 온 것일까? 그들의 투철한 사명감일까? 아니면 휴머니즘? 둘 다 맞다. 한 걸음 더 다가서면 결핍을 결핍으로 방치하지 않고 이를 불쏘시개로 삼은 에너지를 발견할 수 있다. '나에게도 무언가 이루어졌으면 좋겠다'가 아니라 '나도 무언가 이룰 수 있다'는 것. 이렇게 두 사람은 희망에 초점을 맞추었다.

일본의 미래를 보려면 아메요코로 가라

필자는 전통시장에서 5년 이상 강의를 진행하였다. '왜 편안한 기업체 강의를 하다가 불편한 전통시장에서 강의를 하는가?'라는 질문을 받기도 하는데, 이 질문의 답은 '마케팅 현장의 소리를 듣고 싶어서'였다. 전통시장이든 기업이든 '물건을 팔고 사는 행위가 이루어지는 곳'이라는 개념에는 이의를 달 수가 없다. 오히려 전통시장에서 더 치열하고 적나라한 마케팅이 펼쳐진다.

필자가 전통시장에서 강연할 때마다 빠지지 않고 벤치마킹의 사례로 꼽는 일본의 시장이 있다. 그 이름은 '아메요코 시장'. '아메'라는 단어에서 느껴지듯 이곳은 제2차 세계대전 당시 미군 군수품의 암시장이 있던 곳이다.

　도쿄 우에노에 있는 이 시장은 총 길이 65미터에 500개의 소규모 점포들이 밀집되어 있다. 우리나라의 전통시장과도 비슷한 분위기다. 전통시장답게 통로는 복잡하고, 세일이라는 팻말과 가격표를 든 상인들의 호객 행위는 일상적이다. 누가 이 시장을 세계적 명물이요, '전통시장의 르네상스'라 보겠는가? 지붕도 없으며, 일부 상점은 아예 난전까지 펴놓고 장사를 한다. 철도의 소음과 뒤엉킨 사람들의 행렬 속에 서 있으면 '과연 이곳을 세계적 명소라 불러도 좋을까?' 하는 의문이 든다.

　그런데 이 시장이 거론될 때마다 '백화점을 압도하는 전통시장'이라는 꼬리표가 붙는다. 그도 그럴 것이 세일 기간에 몰려드는 인파가 무려 200만 명을 넘기도 한다. 시장 규모는 특별하지 않지만 인파는 상상을 초월하는 것이다.

　물론 아메요코 시장도 다른 전통시장처럼 어려움을 겪었다. 2000년 중반까지 현대식 대형 마트에 밀려 사라질 위기에 봉착하였다. 문 닫는 상가가 한 집 건너 한 집씩 나타나고 불 꺼진 상가가 늘어날 때 그들이 최후 수단으로 잡은 것은 '핵심 가치'였다. '어려울수록 핵심 가치에 집중하라'라는 경영 논리를 이들은 망해 가는 자신들의 사업장에 주저 없이 적용한 것이다. 말하자면 전통시장의 번잡함과 불편함을 오히려 확실한 경쟁력으로 삼은 것이다.

　아메요코 시장은 고객들에게 좌측통행을 하도록 유도해 시장의 질서를 잡은 뒤에 호객 행위를 할 수 있도록 허용하였다. 1990년 상인 모임에서 아래와 같은 결정을 내렸다. '대형 소매점이나 백화점에서는 절대로 할 수 없는 호객 행위를 아메요코에서는 하게 한다. 단, 호객 행위는 질서 있게 해야 한다.'

일본 어디에서나 정찰제가 자리 잡혀 있지만 이곳에서만은 흥정을 할 수 있고, 흥정 여부에 따라 20~30퍼센트까지 할인을 받을 수 있게 하였다. 상인과 손님과의 흥정을 이 시장만의 이야깃거리로 만든 것이다.

결핍의 자리에서 일어나 미래의 아이콘이 되다

아메요코 시장은 저출산, 고령화로 노인 인구가 급증한다는 사실에 주목해, 1990년부터 격감하고 있는 젊은 연령층의 소비자보다는 시장 주변의 노인들에게 집중했다.

이를 테면 노인들은 도심에서 벗어난 대형 할인점까지 운전해서 가는 것을 선호하지 않는다는 점과, 노인들은 시장을 '물건을 사고 파는 공간'을 뛰어넘어 '편히 쉬고 소통하는 공간'으로 인식하길 원한다는 사실을 간파하였다. 이런 시각으로 아메요코 시장의 공간이 노인들을 위한 공간으로 바뀌었음은 두말할 나위도 없다.

이런 외적 혁신은 물론 내적 변화에도 큰 바람이 불었다. 상인들은 자신들의 상품이 일본에서 '가장 질 좋고 싼 것'으로 평가받기 위해 전심전력하였는데, 이를 위해 가장 먼저 해당 제품의 최고 유통망을 확보하였다. 더불어 일부 아메요코 상인들은 30년간 주 종목이었던 식품을 골프용품이나 운동화 품목으로 과감하게 대체하여 젊은 층을 공략하였고, '싼 골프채와 싼 운동화를 사려면 아메요코로 가라'라는 입소문을 내기도 하였다.

상인들에게 제품의 질이 좋은데 어떻게 가격도 저렴할 수 있느냐고 물으면 그들은 한결같이 입을 모아 '아메요코니까요'라고 복창한다. 이들이 반복적으로 외치는 '아메요코니까요'라는 말은 일종의 TV나 마케팅의 브랜드 인지 효과와 같아, 재구매를 촉진시키는 데 영향을 미친다.

이 밖에 아메요코 시장의 특징이 되다시피 한 각종 이벤트는 상인들이 자발적으로 추렴하여 진행하고, 아이디어도 상인들이 의견을 모아 함께 실행하면서 상인 간의 연합이 시장 발전에 큰 몫을 하고 있다. 진행에 관한 모든 과정은 상인연합회에서 투명하게 공개하고, 그에 따른 성과는 상인들에게 골고루 돌린다. 그러므로 이벤트를 위해 내는 회비를 아까워하거나 이의를 제기하는 상인은 한 명도 없다고 한다.

마지막으로 아메요코 시장에서 빼놓을 수 없는 경쟁력을 꼽으라고 하면, 상인 간의 돈독한 관계와 미래에 대한 적극적인 투자다. 일단 아메요코 시장의 상인들은 서로를 아끼고 배려한다. 특히 장년 남성 중심의 시장 문화에서 상대적으로 불리한 위치일 수 있는 여성 상인과 청년 상인의 날을 제정하여 이들을 격려하고, 아메요코 시장에서 여성과 청년들의 역할과 필요성을 강조한다. 아울러 미래 고객인 전국의 중·고등학생을 초대해 상인 체험을 하게 하는 이벤트도 주기적으로 열고 있는데, 이는 10년 전부터 이어온 행사로 일본 내 수많은 중·고등학교와 결연을 맺고 있다.

이 시장의 성공은 장기 불황과 무기력에 빠져 있는 일본인들에게 '미래를 찾는 키워드'로 각광받고 있으며 새로운 희망을 찾는 이들에게 신선한 자극을 주고 있다. 아메요코 시장은 이미 각종 방송과 신문에 성공 사례로 소개된 바 있으며, 외국인들이 빼놓지 않고 들르는 관광 코스로 인식되고 있다.

이들의 경쟁력은 전에는 엄두도 내지 못했던 백화점과의 경쟁에서도 명확하게 드러났다. 아메요코 시장의 특산물 행사 전단지 한쪽에는 시장 근처에 위치한 백화점의 광고가 실려 있다. 이는 전통시장의 넘쳐나는 손님을 유인하려는 백화점의 고육책으로, 이 시장의 명성과 인기를 실감하게 하는 대목이다.

여기서 한 가지 짚고 넘어가야 할 것은, 이들은 반복되는 어려움에도 좌절하지 않고 혁신의 고삐를 잡으며 미래에 투자하였다는 것이다.

이들은 전통시장의 자리를 박차고 현대의 유통 교과서로 진일보하기 위해 취급 품목과 점포 위치를 기록한 시장 지도와 영어 안내 책자를 만들어 배포하고, 상품 배열과 구색도 대형 백화점을 뺨칠 정도로 현대화하였다. 따라서 일본 소비자들은 일본의 미래를 보려면 아메요코 상인의 얼굴을 보라고 과감하게 주문하는 것이다.

초라할 것 같은 전통시장의 반격은 결핍의 자리에 일어나 자신을 주장하되 시대의 요구를 용기 있게 수용한 그들의 지혜에서 시작되었다.

싼 자존심,
시계 왕국을 지키다

결혼 예물로 받은 시계는 단순히 현재 시각만 알려 주는 용도로 존재하지 않는다. 현재 시각을 알고 싶다면 휴대전화만으로도 충분하다. 하지만 사람들이 굳이 시계를 차고 다니는 것은 단지 시각을 보기 위함이 아니다. 그 안에는 자존심이 숨어 있다.

1970년대 중반까지만 해도 시계는 권력과 부의 상징이었다. 그중에서도 스위스 시계는 최고의 명성을 자랑하며 전 세계 시계 산업을 독차지했다. 그런데 이 시장에 일본이 뛰어들었다.

실리에 밝은 일본 기업들은 스위스 시계를 뜯어 수백 년의 노하우를 분석하기 시작했고, 이내 그와 비슷한 시계를 만들어 내기에 이르렀다. 그것도 저가를 무기로 시장에 진출한 것이다. 그때까지만 해도 부자들만 차던 시계를 누구나 찰 수 있도록 한 것은 스위스 시계 산업에 정면 도전한 것이나 다름없었다. 스위스 기업가들은 일본이 만든 시계를 싸구려에다 조잡하다고 얕잡아 보았지만, 눈치챌 수 없을 만큼 비슷하면서도 너무나 저렴해 소비자들이 열광하기 시작했다.

기계식 손목시계는 스위스 금 세공사들이 처음 만들었고, 1970년 이전까지 스위스가 전 세계 시계 산업의 절반 이상을 점유하고 있었기에 스위스 시계 기술자들의 자부심은 대단했다. '메이드 인 스위스'는 세계 최고의 정확성을 자랑했고, 최고 품질이라는 의미로 여겨졌다.

그런데 정밀, 정확, 품질을 중시하던 시계 시장에 1980년대 초반 밀어닥친 일본식 전자시계의 출현은 혁명이라고 해도 과언이 아니었다. 숫자가 화면에 나오는 첨단 기술과 상상할 수 없는 저렴한 가격은 기존 시계 산업을 뒤집었다.

전자시계의 등장으로 부의 상징이던 시계의 가격이 5분의 1, 10분의 1로 떨어지자 스위스 시계 업계는 전전긍긍했다. 값싼 전자시계의 등장과 함께 시계 산업의 주도권도 스위스를 떠나기 시작했다.

스위스는 1974년만 해도 한 해 9,100만 개의 시계를 만들어 팔았다. 400년 역사를 자랑하던 스위스 시계 산업은 1973년 세계 시장의 43퍼센트를 점유하면서 화학제품, 기계제품에 이어 스위스의 세

번째 수출 품목으로 부상하기도 했다. 하지만 10년 뒤인 1983년에는 4,300만 개밖에 팔지 못하는 부진을 보였고, 시장 점유율도 15퍼센트로 떨어졌다.

일본에 이어 홍콩에까지 자리를 내주고 3위로 주저앉았는데, 여기에 대만·중국·한국 등 전자시계 생산 국가들이 늘면서 스위스 시계 산업은 고립무원이 되고 말았다. 1,600여 개에 달하던 시계 제조업체들 중 1,000개 이상이 도산해 5만 명 이상이 실업자가 되는 최악의 상황에 직면했다. 아시아 기업들은 낮은 임금과 낮은 마진을 유지하며 기계식 기술로 고임금의 스위스 기업들을 그로기 상태로까지 몰고 갔다.

무엇을 지키고 무엇을 버려야 하는지 헤매는 사이에 스위스 기업들은 설 자리마저 잃었다. 1985년 세계 시계 시장의 시장 점유율은 스위스가 13퍼센트, 후발 경쟁자인 일본이 39퍼센트, 그리고 홍콩이 22퍼센트를 차지해, 그야말로 스위스 시계의 전성 시대는 옛날이야기가 되고 말았다.

자존심보다 중요한 것은 생존이다

그때 스위스 시계 산업에 구원투수가 나타났다. 하이에크 엔지니어링의 경영자이자 기업 컨설턴트였던 니콜라스 하이에크가 바로 그였다. 그는 스위스 시계 산업이 살아남으려면 오만한 자세를 버리고 시장에 귀를 기울여야 한다고 충고했다. 이는 좋은 시계도 좋지만 잘 팔리는 시계에 초점을 맞추라는 무언의 경고였다.

　스위스 시계 기술자들이 그의 충고를 받아들인다는 것이 쉬운 일은 아니었다. 스스로 예술의 경지에 이르렀다고 자부하고 있던 최고급 시계의 이미지를 버릴 수가 없었고, 세계 시계 시장의 90퍼센트가 중저가 시계라고 해도 자신들의 고급 기술을 버릴 수가 없었다. 그런 그들에게 니콜라스 하이에크는 중저가 시계를 만들어야 한다고 나선 것이다.

　대량생산이 불가능한 가내수공업 위주로 이루어진 생산 방식과, 스위스 시계가 갖고 있던 자존심은 그의 권고를 선뜻 받아들이지 못했다. 그들이 이 문제에 결정을 내리지 못하자 니콜라스 하이에크는 정면 돌파했다. 그가 경영하는 하이에크 엔지니어링이 스위스 시계의 양대 업체인 ASUG와 SSIH를 인수한 것이다.

　두 회사의 자문을 맡았던 하이에크 엔지니어링은 두 회사를 합병해 SMH를 설립했다. 그 후 이 회사는 우리가 잘 아는 스와치로 회사명을 바꾸었다.

　스와치는 먼저 전통 아날로그 시계를 만드는 데 필요한 부품을 대폭 줄였다. 원래는 부품이 91개에서 많게는 125개까지 들어갔는데, 이것을 51개로 줄인 것이다. 또한 저가 시장을 공략하기 위해 조립 공정을 단순화하고, 생산비 절감을 위해 대량생산 체제를 구축했다.

　그렇게 스와치가 시장에 내놓은 것은 충격 방지 기능과 방수 기능을 가진 40달러의 완벽한 시계였다. 당시 일본과 홍콩 시계가 75달러일 때였으니 스와치의 시도는 무모할 정도의 모험에 가까웠다.

그런데 여기서 주목할 점은 단순히 가격을 낮추는 용단 외에 공정에 있어 대대적인 변혁과 원가의 절감이 따랐다는 사실이다. 중저가 시장에서 경쟁력을 갖추기 위해서는 많은 투자와 중장기적인 기반을 구축해야 하는데, 이를 주저하지 않은 것이다. 그리고 스와치의 변신은 전 세계 시계 시장을 다시 한 번 역전시켰다.

스와치의 변신이 성공할 수 있었던 결정적인 이유는 자존심에만 매달려 있던 과거에서, 자존심을 지키되 값싼 제품이라는 빈자리를 찾아간 지혜가 있었기 때문이다.

그리고 '저렴한 자존심'의 핵심에는 패션이라는 콘셉트가 있었다. '현재 시각을 알려 주는 3만 원짜리 패션 액세서리'를 만들기 위해, 스와치는 이탈리아 밀라노에 디자인 본부를 두고 패션 디자이너의 자문을 받아 6주마다 새로운 디자인을 내놓았다. 새로운 포지셔닝으로 새로운 시장을 만들고 그 시장을 확장한 것이다. 그리고 패션 시계에서 팔찌와 액세서리로 영역을 넓혀갔다.

'지킬 것은 지키고, 버릴 것은 버리라.'

스와치가 이런 과감한 결단을 내리고 성공하기까지는 스위스 시계 산업의 양대 산맥인 ASUG와 SSIH의 자문역을 맡은 니콜라스 하이에크의 역할이 컸다. 그는 다양한 상표를 명확하게 차별화하고, 저가와 중저가, 고가로 나누어 경제 환경이 다른 수많은 사람을 모두 고객으로 끌어안는 피라미드 전략을 설정했다. 10만 달러의 고가 브랜드도 중요하지만 50달러 미만의 저가 시계도 소홀히 할 수 없는 저인망식 마케팅 기법을 제안하고 이를 적극 실행에 옮긴 것이다.

스위스 시계 산업의 새로운 미래를 짊어지고 있는 스와치는 고가로 이름난 스위스 시계의 전통을 저버리지도 않았다. 중저가 시계를 생산, 판매하면서 동시에 고가 시계도 여전히 만들고 있다.

매년 200여 종의 새로운 디자인을 출시하면서 평균 3만 5,000개 정도의 시계를 생산한 후 각각의 주물을 폐기 처분해 희소성을 유지했다. 단순히 저가에만 머무르지 않고 고객과 기업의 자존심도 지키려는 노력은 전 세계 시장 점유율을 60퍼센트로 회복시키는 힘이 되어 주었다.

창립한 지 30여 년밖에 안 되었지만 스와치는 여러 가지 브랜드로 지구촌 모든 계층이 원하는 가치와 이미지를 만들어 내고 있다. 현재 스와치는 20여 개의 시계 브랜드를 독립된 회사처럼 운영하고 있는데, 각 브랜드의 고유한 이미지를 유지하기 위해 브랜드마다 디자이너와 매장 직원들을 자체적으로 운영하고 있다.

고급 시계 기술의 원조가 만든 시계는, 저가여도 다른 값싼 전자 시계와는 다르다는 콘셉트로 재도약한 스와치. 흐름을 읽고 버릴 것은 확실하게 버리면서 경쟁력을 확보하고, 지킬 것은 반드시 지켜 가치를 높인 스와치의 변화는 날로 바뀌는 새로운 환경에 적응하고 앞서 가야 하는 국내 기업들에게 많은 것을 시사해 준다.

스와치 그룹의 회장인 니콜라스 하이에크의 이 말은 간단명료하지만 많은 것을 생각하게 한다.

"스와치는 도전이고, 변혁이고, 즐거움이다."

아사히야마 동물원에서
꼭 보아야 할 것

아무도 찾지 않는 동물원

연간 관람객 2만 명이라는 최악의 기록을 세웠고, 직원들의 월급까지 밀렸으며, 돈이 없어 사료조차 살 수 없는 상황에 몰렸던 동물원. 시의회로부터 폐쇄 결의안 및 매각까지 종용 받던 곳. 그곳이 지금은 연간 300만 명이 찾는, 일본에서 가장 인기 있는 동물원이 되었고, 전 세계 관광객들이 찾는 명소가 되었다.

폐쇄 직전까지 몰렸던 이곳이 일본을 빛낸 혁신가 대상, 우수 제품 서비스상, 경영 혁신상을 비롯해 일본의 유명한 경영 관련 상을 연이어 받으며 가장 대표적인 성공 경영 사례가 되고 있다. 불황에서 헤어 나오지 못하는 일본 기업들은 물론 전 세계 기업 경영진들까지 이곳을 찾아온다.

다른 동물원에서는 볼 수 없는 희귀 동물들이 이곳에만 있는 것도 아니다. 더구나 이곳은 지리적으로도 불리하다. 일본의 최북단인 홋카이도에 있어 관람객들이 찾기에 불편하다. 그런데도 이곳이 일본 사람들이 가장 가고 싶은 동물원이자 최고의 경영 사례로 꼽히는 비결은 무엇일까?

이곳의 이름은 아사히야마 동물원으로, 1967년 문을 열었다. 하지만 1980년대에 들어 동물원이라는 이름이 무색할 정도로 이곳을 찾는 이들은 줄었고, 지역 주민들조차 이곳을 산책로로만 여길 정도였다. 동물원이라는 이름을 걸었지만 특별히 내세울 만한 동물도, 시선을 끌 만한 이벤트도 없이 유지하기만 급급했다.

그나마 이곳이 동물원임을 알려 주는 것은 고릴라와 원숭이, 펭귄이 고작이었다. 하지만 1994년, 기생충에 의해 고릴라와 원숭이들마저 죽자 이곳을 찾는 관람객은 거의 찾아볼 수 없게 되었다. 그에 따라 동물원 운영은 더욱 힘들어졌다. 게다가 테마파크가 유행하기 시작하면서 동물원을 찾는 관람객은 거의 없었다.

정부에서 긴급 지원을 해 주었지만 더 이상 가망이 없는 이곳에 계속 지원을 해 줄 수도 없는 노릇이었다. 결국 시의회는 이곳을 폐쇄하기로 결의하고 민간에 매각할 것을 종용했다.

고객이 원하는 그것을 찾으라

이런 시기에 유난히 동물을 사랑했던 고스케 마사오가 아사히야마 동물원의 원장으로 취임하게 되었다. 그는 수의사와 사육계장으로 30여 년이 넘게 몸담아 온 직장이 몰락하는 것을 마냥 지켜보고 있을 수만은 없었다.

그가 이 동물원의 운영을 맡고 가장 먼저 한 일은 관람객들이 이 동물원을 어떻게 생각하고 있는가를 알아보는 것이었다. 소비자가 구매하지 않는 제품에는 반드시 그만한 이유가 있듯이, 관람객이 동물원을 찾지 않는 이유가 무엇인지 알아야 어떻게 개선할지 알 수 있기 때문이었다.

설문 조사를 실시한 결과는 충격적이었다. 관람객들은 모두가 '재미없다'고 답했다. 동물들은 전혀 움직이지 않고, 관람객은 서서 그런 동물을 그저 바라보기만 할 뿐이었다. 언제 오더라도 늘 같은 시설에 늘 같은 표정으로 있는 동물을 보는 것이 재미없고, 특별히 동물들과 함께할 수 있는 행사도 없어 지루하다는 반응이 대부분이었다.

관람객이 즐겁지 않고, 동물들도 활력을 잃은 동물원을 누가 찾겠는가. 한 번은 우연히 오지만 두 번은 오고 싶지 않다고 했다. 고객이 없는 기업이 설 수는 없는 노릇이었다.

이 설문 조사를 본 그는 그들이 놓치고 있던 중요한 사실을 깨달았다.

"야생동물의 매력을 사람들에게 전달하고, 사람들을 야생동물의 팬으로 만드는 것이 그동안 제가 하던 일이었습니다. 그리고 그것은 동물원이 운영되어야만 하는 이유이기도 합니다. 비록 좁은 우리지만 어떻게 하면 동물들이 야생에서처럼 행복하고 자유롭게 사는 모습을 관람객들에게 그대로 전달할 수 있을까 고민했고, 이는 다른 직원들도 마찬가지였습니다."

직원들도 동물원을 살려야겠다는 의지는 절실했지만 방법을 찾지 못했고, 행동으로 표현하지 못했을 뿐이었다. 이들은 고스케 마사오 원장의 강한 의지에 힘입어 관람객을 늘리기 위한 묘안을 찾기 시작했고, 동물원의 구조에서 관람 루트까지 방문객들의 니즈에 맞춘 고객 만족 서비스를 실시했다.

이들은 관람객이 스스로 찾는 동물원을 만드는 데 목표를 두었고, 고객이 무엇을 원하고 그들의 바람을 어떻게 실현할지에 주안점을 두었다.

그렇게 고객의 입장에서 동물원의 존재 이유와 가치를 찾고, 나아가 열정을 갖고 고객이 꿈꾸는 것을 현실로 만들기 시작했다.

하늘을 날아다니는 펭귄

여태껏 관람객은 펭귄이 헤엄치는 모습을 내려다보기만 했다. 그런데 아사히야마 동물원은 관람객이 머리 위로 펭귄을 올려다보도록 만들었다. 이것은 흡사 펭귄이 하늘을 나는 것처럼 보이게 했다.

이것을 본 관람객들은 신기해하고 재미있어 했으며 주변 사람들과 친구들에게 소개하기 시작했다. '아사히야마 동물원에서는 펭귄이 날아다닌다'는 이야기가 입에서 입으로 퍼진 것이다.

이 동물원의 변신은 펭귄으로 그치지 않았다. 북극곰의 우리 한쪽에 UFO 모양의 반원구를 설치해 그곳에서 관람객이 북극곰의 움직임을 생생하게 볼 수 있도록 했다. 반원구가 있던 곳은 원래 창고로 쓰이던 공간이었는데, 이 공간을 개조해 북극곰의 모습을 유리창 너머로 가까이에서 볼 수 있게 만든 것이다.

이 시설 하나로 북극곰 전시관은 관람객들이 장사진을 이루었고, 북극곰들도 사람들의 반응에 활기를 띠었다. 이전에는 관람객이 일방적으로 북극곰을 구경했다면, 이제는 북극곰들도 관람객의 얼굴을 바라볼 수 있었다. 전시물에 불과했던 북극곰이 이 기묘하고 발랄한 장치로 얼굴을 들이밀고 신기해하는 사람들을 적극적으로 구경했다.

사람들이 동물을 구경하는 곳에서 동물이 사람을 구경하는 곳이라는 관점의 변화는 동물과 관람객 모두를 움직이게 했다.

바다표범관도 관람객들이 빠트리지 않는 명소다. 커다란 수조에서 바다표범들이 우아하게 헤엄치는 모습을 관찰하게 해 놓은 것은 다른 동물원들과 마찬가지였다.

그런데 이곳에서는 수조와 연결된 수직 원통 터널을 만들어 놓아, 이 통로로 바다표범이 헤엄쳐 올라가는 모습을 매우 가까이에서 볼 수 있다. 관람객이 원통 주변에 접근하자 바다표범은 수시로 통로를 드나들며 재롱을 부리고, 사람들은 바다표범의 눈빛과 동작 하나하나에 박장대소한다.

이 밖에 높은 나무를 오르내리길 좋아하는 오랑우탄을 위해 공중에 다양한 기구를 설치해 놓아 더 활발하게 운동하는 오랑우탄을 볼 수 있게 했다. 운동 부족으로 비만과 각종 성인병에 시달리는 펭귄을 주기적으로 우리 밖으로 내몰아 동물원 여기저기로 산보를 다니게 하는 풍경도 다른 동물원에서는 구경할 수 없는 새로운 구경거리다.

동물 관람의 부분에서만 변화를 모색한 것이 아니었다. 숙박업소에서 동물원 입장권을 팔게 함으로써 고객이 매표소에서 오랜 시간 줄지어 기다리지 않게 했고, 동물들의 컨디션에 따라 개장 시간과 폐장 시간을 신축적으로 운영했다.

장애인을 위한 전용도로와, 키가 작아 제대로 보지 못하는 어린이들을 위한 어린이용 특별관람석도 설치했다. 65세 이상 노인들을 배려한 실버 셔틀버스도 수시로 운행한다. 담당 사육사들이 관람객에게 직접 동물을 설명하는 원 포인트 가이드도 눈에 띈다.

고객의 상상력을 자극하라

이렇게 모든 사람이 힘을 합쳐 노력한 결과, 폐쇄 권고를 받은 지 10년도 되지 않아 아사히야마 동물원은 이전까지 일본 최고의 동물원이었던 우에노 동물원의 인기를 넘어섰다. 뿐만 아니라 이 기적 같은 이야기는 후지TV에서 "기적의 동물원"이라는 드라마로 방영되기도 했다. 각종 경영상 수상은 인기의 부산물이었다.

아사히야마 동물원은 혁신적인 아이디어와 각종 고객 만족 서비스로 전 세계 관광객을 끌어모아 다른 동물원들의 부러움과 벤치마킹의 대상이 되었으며, 기업 경영진들에게는 살아 있는 경영 교재로 꼽히고 있다.

이 동물원이 성공한 밑거름에는, 동물원을 경영한다는 생각을 버리고 동물원이 왜 있어야 하고 누구를 위해 존재하는지에 초점을 맞춘 고스케 마사오 원장의 확고한 경영 철학이 있었다. 또한 동물원의 주인인 동물들과 관람객들에게 즐거움을 선사하기 위한 직원들의 노력이 있었다.

이들은 놀랍게도 동물원 혁신을 위해 학습 모임을 운영하여 왔는데, 그 구성원은 정규직 14명과 임시직 10명 등 총 24명에 불과했다. 소수의 인력이지만 일본 최고의 동물원을 만들겠다는 끈질긴 연구와 집념이 창의적인 아이디어를 내고 실현시킨 것이다.

이들은 학습 모임에서 '1인 1동물'을 연구하고 '행동주의 전시법'이라 부르는 창의적인 전시법을 실행하였다. 대부분의 동물원에서는 동물을 종별로 구분하거나, 동일 지역에서 서식하는 야생동물을 모아 서식지를 재현해 놓는다. 그러나 이들은 이 방식을 과감히 버리고, 동물의 입장에서 생각하고 그들의 자연스러운 생활 모습을 그

대로 보여 주는 데 초점을 맞춘 것이다.

이들의 노력이 '펭귄이 머리 위로 날고, 사자 발톱이 눈앞에 있는 기적의 동물원'을 만들었다. 이처럼 혁신의 아이디어는 늘 주변에 있으며 작은 발상이 큰 변화를 몰고 온다.

듀폰, 퇴행의 발상을 하다

우리는 더 이상 화학 기업이 아니다

1802년에 설립된 장수기업 듀폰은 미국 경제지 〈포춘〉이 1955년부터 매년 발표해 온 세계 500대 기업에서 한 번도 빠진 적 없는 저력 있는 회사로, 세계 최초로 나일론 스타킹과 칫솔을 만들어 판매한 회사로 유명하다. 현재 듀폰은 세계 4위의 종합 화학 기업이지만 우리는 듀폰을 더 이상 화학 기업이라고 부르지 않는다.

표면 코팅제인 테플론, 기능성 소재인 라이크라, 고강도 인조 섬유인 케블러 같은 혁신적인 제품으로 세계 화학섬유 업계를 100년 가까이 지배해 온 이 회사는 충격적이라고 할 만한 변신을 거듭해 왔다. 주력 사업인 에너지, 제약, 화학섬유 분야를 과감히 포기하고 농·생명공학, 대체에너지 관련 특수 소재를 핵심으로 하는 사업으로 전환하고 있다.

2004년, 듀폰은 본업인 섬유 부문은 물론 석유와 제약 사업 부문도 매각하고, 종자 회사를 인수해 농업과 바이오 연료 분야 등으로 사업 포트폴리오를 확대해 나갔다. 그 결과 2009년에는 농·생명공학 부문이 매출의 30퍼센트를 차지하는 등 명실공히 종합 과학 기업으로 자리매김하고 있다.

이들은 왜 잘나가던 사업부를 다른 방향으로 바꾸었을까? 게다가 변신을 거듭하면서도 성장세를 이어 나가는 저력은 어디에 있는 것일까?

200년 듀폰 역사의 최대 도박

듀폰은 시대의 메가트렌드를 감지해 이에 맞도록 사업부를 개편하고, 신제품의 개발 방향을 결정하는 시스템을 갖고 있다. 듀폰은 자체적으로 4대 메가트렌드를 선정했는데, 이는 인구 증가로 인한 식량 부족, 화석연료 대체, 인간과 환경보호, 신흥 시장의 지속적인 성장이었다. 듀폰은 이 네 가지 트렌드에 입각해 꾸준히 변신을 추진해 왔다.

태양광, 전기차 등 그린에너지 분야에 대대적으로 투자하고 있는 듀폰은 태양전지에 사용하는 에틸렌비닐아세테이트(EVA), 태양 전지용 백시트 등 10여 개 소재에서 이미 독보적인 지위를 확보하고 있으며, 2010년에 출시한 리튬 이온 배터리에 쓰이는 고성능 분리막 에너게인은 배터리 수명을 50퍼센트 정도 연장시킬 수 있어 향후 전기차 수요에 적합한 제품으로 인정받고 있다.

장기 비전에 입각한 사업인 만큼 연구 개발 시스템도 10~20년에 걸쳐 운영된다. 즉, 10년, 20년 뒤의 핵심 사업을 위해 개발 과정을 단계별로 관리하고 있는데, 아이디어를 생성하는 데 6~10년, 실현 가능성을 실험하는 데 4~6년, 이를 시제품으로 개발하기까지 2~4년을 들인다. 오랜 시간 충분히 연구한 끝에 혁신 제품이 생산되도록 하는 것이다.

찰스 홀리데이 회장은 듀폰이 200년 넘게 장수하고 있는 비결을 이렇게 설명했다.

"우리는 잘나가는 사업 부문도 적절한 시기에 점검해 새로운 성장 사업군을 찾는 출구전략을 잊지 않는다. 이때 가장 중요한 판단 기준은 시장의 흐름과 수요다. 듀폰이 농업, 바이오, 연료 등에 초점을 맞추는 내부 혁명을 일으키면서 그룹의 상징과도 같았던 섬유 사업을 매각한 것도, 21세기에는 식량 산업이 성장 동력이 될 것이라는 과학적인 시장 예측이 밑바탕에 깔려 있었기 때문이다."

이렇듯 듀폰은 시장의 흐름과 수요를 면밀하게 주시하고 이에 가장 들어맞는 새로운 사업에 뛰어든다.

2004년 이들이 실행한 '과거와의 결별'은 거의 도박에 가까운 수준이었다. 어찌 보면 퇴행의 발상이라 해도 무방할 것 같다. 1998년

50세에 듀폰의 최고경영자가 된 찰스 홀리데이는 퇴행적 발상의 파격적인 변화를 실행에 옮기기 시작했다. 그에게 있어 듀폰의 200년 역사는 그야말로 현재에 머물러 있지 않는 것이었다. 그는 이런 속내를 '성장이 있으면 언제든 떠나는 것이 전략'이라고 선언하였다.

1998년 알짜 자회사였던 석유 회사 코노코를 매각하더니, 2004년에는 최고 핵심 사업인 섬유 사업을 매각해 버렸다. 그리고 난 후 핵심 경쟁력이 된 IT가 각 기업에 추파를 던지고 있을 때 찰스 홀리데이는 엉뚱하게 옥수수 밭에 눈을 돌렸다.

누가 봐도 이런 결정은 시대에 뒤떨어진 위험한 발상이었다. 그러나 그는 멈추지 않고 종자 회사인 파이오니어를 사들여 가뭄에 잘 견디는 옥수수, 병충해에 내성을 지닌 옥수수 등 갖가지 옥수수를 재배하였다.

일각에서는 이를 두고 '200년 듀폰 역사의 최대 도박'이라고 평가하였는데, 놀랍게도 2007년 듀폰의 농산물·식품 분야 매출이 기존 주력 사업을 능가하였다. 어찌 보면 퇴행적이고 자기 파괴적인 혁신이 화학섬유 회사인 듀폰을 생명공학 산업, 전자 정보통신을 중심으로 한 종합 과학 기업으로 탈바꿈시킨 것이다.

그들에게는 무늬만 바뀌는 카멜레온식 변화보다는 완전히 새롭게 태어나는 나비식의 변태만이 듀폰을 살릴 수 있다는 절박감이 있었을 것이며, 이 절박감이 21세기에 식량 산업이 새로운 흐름이 될 것이라는 퇴행의 발상을 가능하게 했을 것이다.

더불어 이들의 기업 문화도 맥을 같이 하는데, 외부 인재를 끌어들이지 않고 사내 인재를 계획적으로 육성하고 전 임직원에게 변화와 혁신에서 발생할 수 있는 실패를 용인하며 새로운 도전에 나서도록 장려하고 있다.

이런 가치를 따라 2009년 금융 위기 때에도 타 기업들은 비용 절감을 최우선으로 삼았지만 듀폰은 개발비만큼은 한 푼도 손대지 않았다고 한다. 회사의 흔들리지 않는 지원 아래 듀폰은 2009년 한 해에만 2,086건의 특허를 출원했으며, 1,400개가 넘는 신제품을 출시했다고 한다. 이는 듀폰의 역사상 최대의 실적이다. 그래서 듀폰의 이런 창조적 전환, 퇴행적 발상이 세계 기업사에 빛을 발하는 것이다.

신흥 거인,
혁신의 바벨을 들다

나이키와 애플의 융합을 통한 혁신

나이키라는 브랜드를 이야기할 때 우리는 마이클 조던을 함께 떠올린다. 나이키는 마이클 조던을 통해 스포츠 마케팅의 선도적인 역할을 해 왔다. 그러나 디지털 세대들에게는 마이클 조던이 그다지 새롭지도, 자극적이지도 않았다. 나이키에는 새로운 방식의 마케팅과 상품이 필요한 시점이 되었다. 이에 나이키는 디지털 세대를 잡기 위해 애플과 손을 잡고 혁신의 바벨을 들어올리기로 한다.

그 혁신은 바로 신발 안에 GPS를 내장하고 아이팟이나 아이폰의 앱과 연동시켜, 운동 경로와 러닝 데이터를 기록하는 것이었다. 신발과 기기의 조합, 그야말로 스마트한 방식으로의 업그레이드였다. 다만 문제는 GPS의 정확도와 가격에 있었다.

결벽에 가까운 완벽함을 추구했던 스티브 잡스는 처음 이 융합 제품에 대한 제안을 받고 이렇게 충고했다.

"90퍼센트의 구매자가 상자를 뜯어서 바로 사용하였을 때, 센서의 정확도가 90퍼센트 이상 나오지 않는다면 이 작품은 실패입니다. 그리고 이 제품의 가격은 29달러를 넘어서도 안 됩니다. 우리는 아이팟을 만들고 당신들은 신발을 만듭니다. 이 둘을 결합했을 때 서로 마찰 없는 완전무결한 경험을 만들어야 성공입니다. 할 수 있겠습니까? 자신 없다면 이쯤에서 중단하는 것이 낫습니다."

결국 양측 모두 완벽한 상품을 위한 도전을 시작했고, 그렇게 해서 나이키 플러스가 탄생했다. 나이키 플러스는 나이키의 매출 확대에 기여했고, 헬스케어 플랫폼으로 진화하고 있다.

나이키는 한걸음 더 나아갔다. '나이키 트레이닝 클럽'이라는 앱을 통해 퍼스널 트레이닝의 대중화를 선언한 것이다. 30초짜리 짧은 영상 속에 혼자서 할 수 있는 다양한 운동을 올려놓았다. 이 앱의 다운로드 수는 수백만 건이 넘고, 사용 시간은 5,000만 분이 넘는다고 한다. 이처럼 신발, 의류업체인 나이키는 고객의 건강이라는 궁극적인 니즈를 충족시킴으로써 디지털 세대의 마음을 사로잡아 새로운 시장을 확보해 나가고 있다.

이밖에도 구글은 레고와 같은 조립식 장난감에서 착안, 원하는 모듈을 언제든지 저렴한 가격으로 구매해 스마트폰을 조립해 쓸 수 있는 프로젝트를 진행 중이다. 레고를 조립하듯 개개인의 취향에 맞게 스마트폰을 조립하고 개발에도 참여할 수 있다.

그동안 오픈소스를 통해 소프트웨어의 지식을 개방했다면, 이제는 하드웨어의 생태계를 전면 개방한다는 측면에서 스마트폰 업계가 긴장의 끈을 놓지 않고 있다. 구글은 '혁신'과 '지식 공유' 기업의 이미지를 모두 얻게 되었음은 물론이다.

빠르게 바뀌는 유행에 대한 패션업체의 대항

유니클로, 자라, H&M 등 해외 브랜드뿐 아니라 스파오, 에잇세컨즈, 탑텐 등의 국내 브랜드까지 속속 런칭되면서 SPA 브랜드가 급격한 성장세를 보이고 있다. 유행에 민감하게 반응하여 소비자의 니즈를 빠르게 반영한 제품을 내놓는 패스트 패션 브랜드들은 한 자리 수였던 성장률을 30퍼센트까지 끌어올렸다.

SPA라는 단어는 1987년 미국 의류업체인 GAP의 도널드 피셔 회장이 사업보고서에서 발표한 '새로운 사업체제' 선언에서 처음 사용되었다. 이는 의류의 생산과 유통에 이르는 전체 과정을 하나의 기업이 일괄적으로 신속하게 수행하는 것이다.

SPA에서 가장 중요한 것은 고객의 니즈를 신속하게 파악하고 시장에 민감하게 반응하는 것이다. 자라는 SPA 브랜드 운영에 효율성을 높일 수 있는 사업 계획을 발표하였는데, 2016년까지 자라 전 매장에 있는 개별 상품에 RFID 태그를 부착하여 제품의 생산부터 최종 판매까지 모든 과정을 실시간으로 파악하고 추적하겠다는 것이었다.

RFID는 전파를 이용해 제품에 부착된 태그 안에 담긴 정보를 무선으로 인식하는 기술을 말한다. 이렇게 받은 정보를 통해 제품의 스타일, 색상, 사이즈별 실시간 재고 현황을 파악할 수 있고 재고 관리에 결손을 줄여 최적화된 판매 마진을 얻을 수 있다.

시장의 반응에 민감해야 하는 SPA 브랜드로서 RFID 기술의 도입은 시장의 반응을 가장 빨리 얻을 수 있는 유용한 방안이다. 또한 유행이 빠르게 바뀌면서 재고 처리에 고심했던 SPA 브랜드로서는 재고 관리뿐 아니라 판매가 부진한 제품의 할인 판매 등을 유도할 수있어 더욱 효과적이다. 이는 후일 생활 속 사물들을 유무선 네트워크로 연결해 정보를 공유하는 사물 인터넷의 기반을 조성하는 데도 중요한 계기가 될 것이다.

드론의 기술을 접목한 기업 사례도 있다. 배송을 전문으로 하는 업체에서는 신속하고 정확한 배송이 가장 중요하지만, 인력 부족과 교통 체증에 따른 시간 부족이 가장 큰 고민거리다. 이에 아마존이나 도미노피자에서는 드론을 통한 무인 택배 시스템을 도입하기 시작했다.

드론은 사람이 타지 않고 무선 전파를 통해 비행하는 비행기나 헬리콥터 모양의 비행체를 말한다. 드론은 군사적인 목적에서 개발되었지만 이젠 민간 분야까지 적용 분야를 넓혀 가고 있는데, 이에 구글이나 페이스북 등 글로벌 IT 업체들이 나서서 드론 개발 업체를 인수하면서 드론에 대한 관심이 더욱 커지고 있다.

'빈 것'을 공유하는 혁신

이제는 기술 융합을 넘어 오픈소스, 지식 공유, 협업 등 가치를 공유하는 혁신의 시대다. 하나일 때는 부족한 내용도 융합을 통해 새로운 아이디어로 재창조된다. 사회적 가치를 융합하면 기업의 성장을 일으키는 원동력이 되기도 한다.

네슬레는 1980년대에 사업을 확장하면서 가난한 아프리카 아이들에게 우유를 지원한다는 명목으로 개발 중인 유제품을 제공했다는 의혹을 받아 곤혹을 치렀다. 제3세계 아이들을 실험용으로 사용했다는 것이었다. 또한 팜유를 확보하기 위해 밀림을 파괴하고, 코코아 수확을 위해 아동의 노동력을 착취했다는 비난도 네슬레의 행보를 막는 장애물이었다.

사회적 가치의 중요성을 깨달은 네슬레는 인도에 전문가를 파견하여 젖소의 생산성을 높여 원가 경쟁력을 끌어올려 주었다. 더불어 에티오피아 커피 농가에는 휴지기에 채소를 심고 당나귀나 말 등의 가축을 기르게 해, 농가 수입을 향상시키는 방안을 마련해 주었다.

사실 이것은 네슬레의 뛰어난 사업 전략이었다. 이러한 지원으로 양질의 유제품과 원두를 안정적으로 공급받을 수 있게 되었고, 기업 이익만 추구한다는 이미지에서 가치를 공유하는 기업이라는 이미지로 전환하게 되었다.

지식의 공유로 사업을 펼친 디자이너 스콧 윌슨의 사례도 있다. 2010년 무명의 디자이너였던 그는 아이팟 나노용 시곗줄을 고안했는데, 이것을 사업화하는 데는 1만 5,000달러라는 금액이 필요했다. 그는 인터넷에 자신의 아이디어를 공개하고 대중에게 사업 자금을 모으는 크라우드 펀딩을 활용했다. 이렇게 해서 그가 모은 자금은 94만 달러였다.

크라우드 펀딩은 소셜 네트워크 서비스의 확산으로 그 가능성을 새롭게 조명받고 있는데, 빈민들에게 담보 없이 소액을 대출해 주는 그라민 은행 등의 마이크로 크레딧도 이러한 범주에 속한다. 세계 최대의 소비자 가전쇼인 CES에서 크라우드 펀딩을 받았던 프로젝트들이 다수 참가하였다고 한다. 이는 대중이 투자한 돈으로 개발된 많은 제품이 소비자의 마음을 사로잡고 있다는 것이기도 하다.

2013년 초 세계 주요 경제 전문지들은 '공유 경제'에 대해 논의하기 시작했는데, 이는 개인이 가진 자원을 타인에게 빌려 주거나 서로 나누어 사용하여 자원의 효용성을 높이는 경제활동을 말한다.

이러한 공유 경제를 가능하게 한 것은 역시 소셜 네트워크 서비스의 확산과 플랫폼 비즈니스의 발달에 있다. 2008년 샌프란시스코에서 시작된 민박 개념의 빈 방 공유 서비스인 '에이비앤비'나, 카 셰어링을 위한 '집카' 등이 그 대표적인 예인데, 소비를 줄이고 자원의 효용성을 높이면서 개인 간의 거래를 통해 사회적 관계를 회복시켜 준다는 기대감도 있다.

비용과 자본을 공공이라는 가치와 어떻게 융합할 것인가, 공공을 위해 어떻게 사용할 것인가에 대한 새로운 아이디어는 계속해서 나오고 있다. 서로의 결핍을 공유하고, 이를 공동된 가치로 전환하여 서로 상생할 수 있는 에너지로 전환하는 멋진 시도들이다.

스폰서도, 광고도 없는
마스터스의 희귀한 성공학

변하지 않는 두 가지 고집

해마다 4월이면 인구 20만 명에 불과한 미국 조지아주 오거스타 시에는 주민 수보다 많은 30만 명에 달하는 관광객이 몰려든다. 당연히 숙소 구하기는 하늘의 별 따기이고, 인근 골프장은 연초에 예약이 마감될 정도다.

이런 특수는 적어도 1억 달러 이상의 직접적인 경제 효과를 유발하는데, 이는 미국 최고의 스포츠인 프로풋볼의 결승전인 슈퍼볼 못지않은 엄청난 규모다. 오거스타 시가 이렇게 들뜨는 것은 이곳에서 마스터스 골프 대회가 열리기 때문이다.

마스터스를 오늘날 지구촌 골프계 최고의 메이저 대회 중 하나로 키운 것은 변하지 않는 두 가지 고집 때문이다. 하나는 철저한 고객 관리, 그리고 자신의 가치를 돋보이게 하는 전략이다.

마스터스가 열리는 기간이 되면 20만 인구의 소도시 오거스타는 시민보다 많은 관광객과 갤러리들의 소비로 들썩인다. 조지아 주와 오거스타 시 당국은 마스터스가 열리는 기간 동안 대기업 대표들을 초청해 마스터스 관람과 인근 골프장 라운딩을 주선하는 프로그램을 진행한다. 투어가 끝나면 그들과 투자 상담과 직원 채용 협상을 벌이는데, 지난 15년간 이 프로그램으로 조지아 주에 1만 5,000개의 일자리가 창출되었다.

마스터스는 아무나 출전할 수 없고 아무나 볼 수 없다는 점 때문에 대회 참가 선수나 갤러리 모두 대회가 열리는 오거스타내셔널 골프장에 입장했다는 사실을 영광으로 느낀다. 이 대회에서는 갤러리를 패트론이라고 부르는데, 오거스타로부터 마스터스 입장권을 받는 패트론은 약 4만 명 정도로, 이들은 평생 마스터스를 관람할 수 있는 권리를 보장받게 된다. 이후 사망자가 생겨야 다른 사람에게 기회가 넘어간다. 패트론이 아닌 사람들이 대회를 보려면 암표를 구하거나 경매를 통해 표를 구해야 한다. 200달러에 달하는 티켓은 암표 시장에서 4,000달러, 유명 골프선수가 경기할 때에는 최고 1만 달러를 호가한다.

대신 골프장 안에는 바가지요금이 없다. 커피는 1달러, 수입 맥주는 3.75달러면 구입할 수 있다. 스폰서도 없고, 일체의 상업 행위가 금지된다. 또한 선수들에게는 자존감을 한껏 높여 주지만, 패트론에게는 뛰어다닐 자유나 휴대전화를 소지할 자유도 허용되지 않는다.

명품은 저절로 만들어지지 않는다

마스터스에는 경영자와 마케터들이 되새겨 봐야 할 전략들이 곳곳에 숨어 있다.

첫째는 이 대회만의 수입 내 지출이다. 다른 대회와 달리 이 대회는 타이틀 스폰서도 없고 매년 총상금도 정해 놓지 않는다. 다른 골프장에서 흔히 볼 수 있는 기업 로고들도 걸려 있지 않은데, 이는 오로지 골프에만 집중하라는 의도다.

총상금은 TV 중계료와 입장권 수입, 기념품 판매 등을 결산해 대회 마지막 날에 발표한다. 대회의 수입에 따라 상금을 결정하는 것으로, 2010년에는 총 상금 750만 달러 중 우승 상금이 우리 돈 16억 원에 달하는 135만 달러였다.

두 번째로 짚을 것이 마스터스만의 신비주의와 완벽주의다. 오거스타내셔널 골프장은 스물여덟 살에 미국과 영국의 오픈 대회와 아마 대회를 석권하고, 훗날 그랜드 슬램을 달성하며 가장 위대한 아마추어 골퍼라고 불리는 보비 존스가 조성하였다.

이곳은 아무나 회원이 될 수 없고 아무나 들어갈 수 없는 폐쇄적인 골프장이다. 이를 증명이라도 하듯, 골프광인 빌 클린턴 전 미국 대통령조차 회원이 되고 싶어 했지만 퇴짜 맞은 일화는 유명하다.

현재 마스터스 회원은 300명으로 2002년에 최초로 회원을 공개한 바 있는데, 이들 중에는 제24대 미국 대통령을 지낸 아이젠하워, 마이크로소프트를 창업한 빌 게이츠, GE 회장을 역임한 잭 웰치, 세계적인 골프 선수인 아놀드 파머 등의 이름이 올라 있었다.

회원과 동반하지 않으면 정문조차 통과할 수 없으며, 1990년 이전까지는 흑인의 입회조차 불허할 정도였다. 여성 회원도 받아들이지 않아, 이에 반발한 여성단체들이 중계 방송사인 CBS에 광고하는 기업의 제품을 사지 말자는 불매운동을 벌이기도 했다. 이 때문에 골프장은 2003년, 2004년에 CBS 측으로부터 중계권료를 받지 않고 광고 없이 방송을 내보내기도 했다.

TV 중계의 경우 1년 단위로 계약하는데, 보통 1,000만 달러다. 마음만 먹으면 1억 달러 이상을 받을 수 있음에도 중계권료 협상은 일체 하지 않으며, 광고도 한 시간에 4분만 배정하고 극소수의 기업만 선정한다.

이는 이 대회를 TV로 지켜보는 골프 마니아들이 반복적인 광고에 시달리지 않고 차분하게 경기에 몰입하도록 한 것으로, 이 때문에 마스터스에 대한 관심은 더욱 높아졌다.

물론 최근에는 신비주의와 폐쇄주의에서 벗어나려는 새로운 변화가 보이고 있다.

2007년부터 개막 전날 펼쳐지는 친선경기인 파3콘테스트를 TV로 중계하고 있다. 게임업체인 EA스포츠와 계약을 맺어 오거스타내셔널 골프장을 비디오게임에 사용할 수 있도록 했다. 아울러 2012년 대회에는 연습 라운드와 1라운드에서 4라운드까지의 입장권 일부를 사상 처음으로 인터넷으로 공개 판매하는 등 파격적인 정책을 펴기도 했다.

게다가 지금까지 굳게 닫혀 있던 여성 출입 금지 관행을 깨고, 2012년 라이스 전 미국 국무장관을 여성 회원으로 맞았다.

스폰서도, 광고도 없이 최고가 된 희귀한 성공학

마스터스는 4개의 메이저 골프 대회 중 역사가 가장 짧으면서도 이를 자신만의 특별한 차별성과 브랜드로 극복했다.

다른 메이저 대회가 장소를 옮겨 가며 개최하는 것과 달리, 마스터스만은 1934년에 창설한 이래 오거스타내셔널 골프장 한 곳에서만 열리며, 엄격한 코스 관리와 체계적이고 완벽한 대회 운영으로 최고 메이저 대회의 권위와 명예를 누리고 있다.

이러한 명성을 이용해 엄청난 수익을 거둘 수 있지만, 경기를 돈과 결부시키지 않은 것도 주목할 만하다.

이처럼 고집스러울 정도의 브랜드 관리는 마스터스를 최고의 메이저 대회로 만든 요인 중 하나가 되어 오히려 해마다 엄청난 수익을 몰고 오는 효과를 낳고 있다. 불특정 다수를 상대하기보다는 핵심 고객을 확보하고 이들에게 차별화된 고품격 서비스를 제공하는 것이다.

시대 흐름에 맞추어 마스터스의 고집스러움도 조금씩 벗겨지고 있지만, 여전히 전 세계 사람들은 해마다 4월이면 최고의 경기를 만나기 위해 조지아 주의 오거스타 시에 눈과 귀를 집중한다. 최고들이 모여 최고의 드라마를 선사하는 것. 스스로 명품이 되고자 하는 노력이 마스터스의 고집이고, 이것이 전 세계 골프 마니아들을 사로잡는 힘이다.

마스터스는 공인된 권력에 기대지 않고, 자신만의 길을 걸어오면서 최고라는 찬사를 받게 되었다. 이들의 결기 어린 품위가 세상 사람들의 부러움을 산 건 두말할 나위가 없다.

글로벌 ICT 강자들은
왜 금융회사를 꿈꾸는가?

스마트폰 하나면 된다

2007년 첫 선을 보인 아이폰이라는 스마트폰은 공상 속에서나 꿈꾸던 미래의 삶을 현재로 견인하여 왔다. 이후 사람들은 여행을 가거나 어떤 목적지를 향해 갈 때 지도를 펼치지 않으며, 24시간 실시간으로 국내뿐 아니라 해외에 있는 상대와 이야기를 할 수 있고, 원하는 정보를 언제든 검색할 수 있고, 좋아하는 음악과 영화를 취향에 맞게 즐길 수 있다.

이렇듯 순식간에 찾아 온 스마트폰으로 인한 변화는 아직도 현재진행형이다. 그중 이동 중에도 스마트폰 하나로 은행 업무를 처리할 수 있는 핀테크의 등장은 속설로 떠돌던 '스마트폰 하나면 모든 것을 해결할 수 있다'라는 말을 현실로 만들었다.

핀테크는 금융(Financial)과 기술(Technology)의 합성어로, IT 기술을 기반으로 금융 서비스를 제공하는 것을 의미한다. 이를 부연하여 설명하면 점포 중심의 기존 금융에서 벗어나 인터넷이나 모바일 등 접근성이 높은 플랫폼을 활용해 결제와 송금 그리고 자산관리 등 각종 금융 서비스를 가능하게 한다는 것이다.

최근 전략 컨설팅 업체인 맥킨지나 시장조사 기관인 닐슨의 설문조사를 보면, 미국 소비자의 40~50퍼센트는 모바일 결제 시스템인 핀테크에 대해 긍정적으로 생각하고 있으며, 모바일 지갑을 주요 결제 수단으로 이용하고 있다고 응답하였다.

이런 소비자의 인식은 핀테크 산업의 확장을 몰고 왔는데, 전 세계 모바일 결제 시장은 2012년 1,631억 달러 규모에서 2017년 7,210억 달러 규모까지 커질 전망이라고 한다. 국내 모바일 결제 시장의 규모도 빠르게 성장하고 있다.

ICT 강자들의 핀테크 진입 전쟁

이런 시장의 흐름을 두고 국내외 ICT 강자들이 저마다 강점을 가지고 각축전을 벌이고 있다. 먼저 빠른 금융거래와 값싼 수수료의 특장점을 가진 핀테크 시장에 글로벌 ICT 강자들은 어떻게, 어떤 기술로 진입했는지 살펴보자.

*애플

- 2014년 10월 결제 서비스 '애플 페이' 출시

- 현재 구현된 결제 서비스 중 가장 편리한 UX 구현

- 앱 스토어에 입력한 카드 정보 대체, 지문 인식

- 오프라인 매장의 경우 결제 단말기에 지문 인식 후 결제

- 높은 편의성과 보안성

*구글

- 2011년 '구글 월렛' 출시

- 맞춤형 광고를 위한 최소한의 결제 정보 수집

- 스마트폰 내 보안칩이 아닌 클라우드에 카드 정보를 보관

*페이스북

- 아일랜드 정부에서 금융업 인가

- 해외 송금 서비스를 제공하는 아지모(Azimo)에 투자

*아마존

- 원 클릭 결제 시스템

- 사용 인구는 누적 2억 명으로 추정

- 고객에게 제공하는 모바일 결제 단말 액세서리를 연결하면 스마
  트폰이 POS 역할을 함

*알리바바닷컴

- 가입자 수 8억 명, 결제 대금 670조 원

- 중국 온라인 결제 금액의 50퍼센트 확보

- 알리페이 계좌에 예치된 현금을 투자할 수 있도록 온라인 전용 머니마켓펀드(MMF)인 위어바오 운영

*페이팔

- 1998년 미국에서 설립된 간편 결제 사업의 원조이자 대표 주자

- 전 세계 약 1억 5,000만 명의 회원 보유, 연간 200조 원 결제

- 미국 대부분의 온라인 쇼핑몰에서 사용 가능

- 스마트폰에 액세서리로 부착된 모바일 결제 단말 액세서리를 연결하면 스마트폰이 POS 역할을 함

- 블루투스 기술을 이용하여 카드와 스마트폰에 손을 대지 않고 결제를 완료할 수 있는 결제 시스템인 '페이팔 비콘' 제공

- 페이팔 비콘을 설치한 오프라인 매장에서는 해당 매장의 메뉴와 할인 쿠폰 등이 스마트폰에 보이고, 원하는 메뉴를 주문함과 동시에 결제가 이루어짐

- 스타벅스와 같은 카페 중심으로 사용

그렇다면 왜 글로벌 ICT 기업들이 핀테크 시장에 뛰어들고 있는 걸까?

결제 사업을 통한 매출 성장 효과는 제한적이다. 일반적으로 국내 결제 수수료율이 결제 금액의 3~4퍼센트이고 이 중 약 2~3퍼센트가 카드사 몫이라면, 결제 서비스 사업자의 몫은 1~2퍼센트 수준이 될 것이다. 해외 기업도 여기서 크게 벗어나지 않는 수준일 것이다.

매출액이 수백조 원대인 글로벌 ICT 기업들이 수수료 취득만을 목적으로 시장에 뛰어든 것이 아니라는 분석이 일반적이다.

글로벌 ICT 기업들은 이 결제 서비스를 통해 자신의 주력 ICT 제품이나 서비스의 가치를 차별화하거나, 과거 결제 서비스가 온라인 쇼핑을 활성화시키는 데 결정적인 기여를 한 것처럼 일종의 촉매제가 되지 않을까 기대하고 있을지 모른다. 실제로 결제 편의성을 혁신적으로 개선한 원클릭이 아마존의 성장을 이끌었던 것과, 중국 최초의 에스크로 서비스가 타오바오의 성장에 결정적으로 기여하였던 것을 잊어서는 안 된다.

그동안 결제 서비스 시장은 전문 업체들이 감당했지만, 스마트폰 시장의 확산으로 애플, 구글, 아마존 등 글로벌 ICT 기업이 진입하면서 새로운 국면을 맞았다.

앞서 언급한 대로 글로벌 ICT 기업의 속내는 다소 복잡하다. 단순히 자신들의 주력 사업의 경쟁력을 강화하거나 차별화하든지 웨어러블기기, O2O(Online To Offline), 맞춤형 광고 등 주력 사업과 관련된 거대 신시장을 선점하려 할 것이다. 이들이 수수료에 목을 맬 이유가 없다면 결제 수수료 무료화 같은 시도도 나올 수 있다. 이렇게 되면 향후 결제 시장의 경쟁 방식에 변화를 가져올 수도 있다.

이를 테면 얼마나 편리한 결제 서비스를 구현하는지, 해킹으로부터 얼마나 안전한지, 얼마나 많은 가맹점을 확보할지가 관건이라면 앞으로 비즈니스 모델의 관점도 달라질 것이다. 애플과 같이 스마트 기기의 판매를 통해 부가가치를 창출하거나, 상거래를 통해 또는 구글과 같이 광고를 제공함으로써 부가가치를 창출할 수도 있다.

결론적으로 글로벌 ICT 강자들의 결제 서비스 시장 진입은 이를 방어해야 할 국내 기업의 입장으로서는 수수방관할 수 없는 사안이다. 따라서 수수료 하나만을 의지하기보다는, 다양한 비즈니스 모델을 통해 견고한 수익 기반을 만드는 것도 심각하게 고려해야 할 것이다.

판도라의 상자,
화웨이의 R&D를 열어라

무엇이 작은 대여점을 세계적 기업으로 키웠는가?

중국의 대표적인 민영기업인 화웨이는 과거 20여 년 동안 고속 성장을 이룩하며 세계적으로 주목받는 IT 기업이다. 2010년 미국 〈비즈니스위크〉가 선정한 '성장 가능성이 높은 100대 기업' 중 애플을 제치고 1위를 기록하였을 뿐 아니라, 〈포춘〉이 선정한 500대 기업에 포함되었고, 〈비즈니스위크〉〈패스트컴퍼니〉에서 '가장 영향력 있고 혁신적인 기업'으로 부각된 것만 보더라도 화웨이의 위용이 어느 정도인지 짐작하고도 남음이 있다.

이러한 위용은 우리에게도 일종의 공포로 현실화된 측면이 있는데, 국내 통신 3사의 기간망을 대부분 잠식하여 국산 장비 업체로서는 생존을 다투는 글로벌 기업으로 인식되고 있다.

그렇다면 통신 장비 대여점에서 출발하여 고속 성장 끝에 오늘날 글로벌 IT 기업과 어깨를 마주하게 된 화웨이의 원동력은 무엇일까? 어떤 요소가 진입 장벽을 낮추어 타 브랜드와의 경쟁에서 이길 수 있게 한 것일까?

이러한 질문에 한마디로 답한다면 이들의 R&D(Research and Development: 연구 개발) 투자라고 말할 수 있다. R&D 투자는 화웨이 고속 성장의 엔진이자 전략으로서, 매출의 10퍼센트를 R&D에 투자하고 있으며, R&D 인력은 전 직원의 42퍼센트를 차지할 정도로 어마어마하다.

일찍이 화웨이는 다른 민영기업과 달리 R&D에 대한 지속적인 투자와 특허권 및 기술 표준 제정 등 글로벌 기업으로서 손색없는 행보를 계속하여 왔는데, 이런 기술 지향적인 기업 문화가 시장 환경에 빠르게 적응하는 내성과 협력적이고 개방적인 R&D 모델을 만들어 왔다.

이들은 R&D를 통해 장기적인 시장 경쟁력을 전략화하기 위하여 1998년 〈화웨이 기본법〉을 선포하였는데 이는 몇 가지로 축약된다.

첫째는 단기적 이윤보다는 장기적인 성장을 중시하는 문화에 전력하겠다는 것, 둘째는 자력갱생을 기본으로 개방적이고 협력을 중시하는 기술 개발 원칙을 지켜 가겠다는 것, 셋째는 자주적인 지식 재산을 창출하여 선진적인 핵심 기술 시스템을 정착시키고 실용주의를 구현하겠다는 것이다.

물론 평등과 균형을 유지하는 인센티브 제도나 정책 결정 프로세스, 회사 전체의 이익을 우선하는 기업 문화 등도 포함되어 있지만, 그 가운데 핵심은 R&D를 통한 공격적인 마케팅이었다.

그렇다면 화웨이는 어떻게 하여 R&D 전략을 정착시키고 글로벌 기업으로 성장할 수 있었을까?

공격적인 글로벌 경영으로 승부수를 던지다

이들의 글로벌 과정은 크게 3단계로 나뉜다.

글로벌 1단계는 시험 단계로, 이때 화웨이는 중국의 다른 민영기업이 겪어 왔듯이 수많은 장벽에 부딪히지만, 이들은 일관성 있게 각종 전시회에 나가 화웨이를 알리는 데 주력했다.

이 당시 화웨이는 오늘날에 비해 형편없이 초라한 규모의 작은 기업에 불과했다. 경쟁사에 비해 납품 시간이 늦고 R&D 주기는 길었다. 그러나 이들은 실망하지 않고 믿기 어려울 정도의 저렴한 가격을 무기로 '포기 없는 해외 진출'을 지속해 나간다.

이후 글로벌 초기라 명명한 1997년 이후의 글로벌 2단계에서 화웨이는 회사 운영, 품질 체계, 재무, 인력 자원 등 여러 면에서 내부를 정리하는 변혁을 실행한다. 더불어 지속적인 발전을 위한 전략을 수립하는데, 이때 IBM 모델을 벤치마킹한 경영관리체계, 일명 IPD 방식을 수립한다. 우리말로는 '통합 제품 개발 방식'이라 해석되는 이 IPD 방식은 '서로 떨어져 있는 여러 팀이 효과적으로 의사를 결정해 빠른 시간에 제품을 생산'하는 데 그 목표를 둔다.

명목상 '글로벌팀'으로 나눌지라도 이들 구성원은 단순히 해당 국가 소속으로 남지 않고 하나의 R&D 부문으로 움직이며 '팀'을 기반으로 연구 활동을 한다. 예컨대 인도에는 소프트웨어 프로그래밍 전문가가 있는 반면, 러시아에는 수학 알고리즘 전문가가 포진하고 있어 지역별로 특화된 전문가들을 통합 관리한다. 따라서 이들이 개발한 연구물은 본사로 취합되어 재연구될 뿐 아니라, 프로젝트 담당팀과 전체를 관리하는 조직 간의 소통과 목표 공유를 통해 최선의 결과물을 양산하는 단계적 개발이 이루어진다.

이런 파격에 가까운 투자가 화웨이를 '요구 조건이 가장 까다로운 운영 업체'로 포지셔닝하게 하였으며 글로벌 추진 과정에서 지속적 발전의 견인차가 되어 주었다.

2000년에 이르러 화웨이는 글로벌 3단계에 진입한다. 이때 해외 성장 속도가 이미 중국 내 성장 속도를 앞지르게 되는데, 말하자면 자국 시장의 점유율 포화라는 현실 속에 또 한 번의 변혁을 감행한다. 세계 16개국에 R&D센터를 건립한 것이 그것이다.

물론 R&D 부문에 집중한 결과 중국 국내외 특허권 신청수가 폭발적으로 증가한 것은 눈여겨볼 만도 하지만, 반면에 특허 기술을 기반으로 해외 시장을 개척하는 과정에서 경쟁업체로부터 다수의 특허권 관련 소송에 연루된 것은 옥의 티라 할 수 있다. 2003년 시스코와의 특허권 분쟁 이후 화웨이는 지식재산권을 재인식하고 특허권 응용 전략을 강화했다.

2015년 현재 화웨이의 해외 매출은 22억 달러를 넘어서고 있고, 해외 지역 8개 본부와 55개 대표처, 기술센터 등을 두고 있다. 화웨이가 오늘에 이르기까지 이들의 고뇌와 결정은 무엇이었을까? 사업 다각화를 시도하였거나 타국에 생산라인을 늘리는 생산기지 증설 정도를 고뇌하였다면, 오늘날의 화웨이의 아성은 존재할 수 있었을까?

이동 통신뿐 아니라 광대역, IP, 광통신, 부가가치 통신 업무, 클라우딩, 단말기 등의 총체적 기술의 근원이 R&D에 있다는 것을 생각해 보면 늑대와 같은(실제로 화웨이의 기업 문화는 늑대 정신이라고 한다) 화웨이의 시장에 대한 예민한 후각과 공격력 그리고 단결력은 아무리 강조해도 지나칠 수 없을 것 같다.

"가슴에 품은 것이 커야 비로소 성공할 수 있다"는 창업자 런정페이의 말은 그래서 호소력이 높은 것 같다.

PART 4

어떻게 타오를 것인가?

: 바닥을 치고 오르는
힘으로 반전하라

"진짜 승부는 막다른 골목에 몰린 상태에서 시작된다.
이를테면 '이건 풀리지 않을 것 같다'라거나

'이건 가능할 것 같지 않다'라는 생각이 들 때
나는 역으로 난제를 극복하려 한다.

그것이 인생에 있어 진짜 의미의 노력이다.
그냥 열심히 최선을 다했다고 하는 것으로는 부족하다."

후지필름 CEO 고모리 시게타카의 이 말은
그저 말로 끝나지 않았다.

반전 없는 청춘은
짝퉁 청춘이다

남녀노소를 게임에 빠뜨린 '애니팡'

명지대학교 컴퓨터공학과를 졸업한 3인이 있었다. 2009년 1월, 그들은 의기투합하여 '선데이토즈'라는 작은 회사를 창업하였는데, '일요일에 만나 토즈라는 공간에서 일한다'는 단순한 의미를 담은 사명이었다.

2009년 9월, 선데이토즈는 싸이월드 앱스토어에 기반한 '애니팡'을 출시하였다. 이때 싸이월드는 네이트와 메인을 통합하려는 시도와 함께 새롭게 등장하는 벤처기업들과 상생 생태계를 만들어 가는 중이었다. 이런 기회들이 애니팡을 국민 게임으로 만드는 중요한 시발점이 될 것이라고는 아무도 상상하지 못했다.

그들은 계속해서 어항에서 물고기를 키우는 소셜 게임 '아쿠아스토리'를 2010년 4월 출시했고, 9월에는 뒤늦게 벤처기업으로 지정되었다. 아쿠아스토리는 2011년 12월에 싸이월드 2년 연속 인기 앱스 1위로 선정되었다. 규모가 작은 창업 회사가 낸 성과치고는 꽤 괜찮은 성적이었는데, 더 큰 사건은 2012년 모바일 소셜 네트워크 게임 '애니팡 for Kakao'의 출시였다. 이 안드로이드 버전 '애니팡'은 3개월 뒤 다운로드 2,000만 명을 기록하고 국민 게임으로 손색없는 위력을 과시하게 된다.

더욱이 '강력한 플랫폼만 갖췄을 뿐 수익 모델은 없다'던 카카오를 보기 좋게 부활시켰고, 그야말로 '돈 버는 플랫폼'의 새 양상을 여지없이 드러냈다.

그렇다면 어떻게 '1분 동안 같은 동물 세 마리 이상을 가로, 세로로 맞춰 없애는 단순한 게임'이 출시 74일 만에 대한민국의 게임 관련한 모든 기록을 경신했을까? 과연 그 성공 요인은 무엇일까?

먼저 카카오톡과의 연결이 주효했다. 누구나 쉽게 즐길 수 있는 게임과 카카오톡 메신저와의 결합은 애니팡 확장 전략으로는 더할 나위가 없었다.

예를 들어 애니팡 게임을 한 번 할 때마다 하트가 소진되는데, 일정 시간 동안 무료로 제공되는 하트를 다 쓰고 나서 계속해서 게임을 하고 싶은 사람들은 하트를 추가로 구입했다.

이렇게 애니팡으로 '놀기' 위해 구입하는 하트의 판매 수익이 월 매출 100억을 기록하고 있는데, 모바일 업계 1, 2위인 게임빌과 컴투스의 연 매출이 700~800억 원 규모라는 것을 감안하면 남녀노소가 즐기는 애니팡의 인기는 가히 짐작하고도 남는다.

그러나 앞서 거론한 대로 초기의 애니팡은 어찌 보면 실패작이 될 수도 있는 위기를 당한다. 그것은 다름 아닌 이용자 수가 감소한 싸이월드의 급락이었다. 그들은 중대한 결정을 내려야 했다. '정든 PC에 잔류하느냐, 떠나느냐?' 이것은 '반전하느냐 아니면 침몰하느냐'의 질문과도 같았다. 패망의 수렁을 거닐다 역사 속으로 사라진 코닥과 같은 기업처럼 생존과 관련된 사안이었다. 그러나 그들은 과감히 모바일로 말을 바꿔 타기에 이른다.

고객을 배고프게 만드는 게임

이들이 게임에만 집착하여 개발자로서의 위치에만 머문 것은 아니다. 먼저 '유저의 마음'을 판매에 적용하려는 시도를 하였는데, 구매 심리를 자극한 랭킹 방식이 그것이다. 가까운 지인과의 경쟁을 부추기는 이 방식은 결국 승부욕을 자극하여 매출 확장에 기여하였을 뿐 아니라, 초대 시스템을 도입하여 '애니팡 스팸'이라는 신조어가 나올 정도로 계속 도전하게 만들었다.

이는 마치 샤오미가 안드로이드 순정 UI를 대폭적으로 바꿔 iOS와 유사한 분위기를 주면서 사용자가 쓰기 편한 방식으로 개발한 것과도 맥락을 같이 한다. 결국 '자기만의 철학'과 '자기만의 방식'으로 생존을 구가한 디지털 프론티어들의 성향이라 해도 무리는 아닐 것이다.

샤오미가 일명 헝거 마케팅으로 잠재 고객을 배고픈 상태로 만들었듯이, 애니팡도 결정적으로 '하트 선물 시스템'을 통해 보다 시장 친화적인 전략을 구사하게 된다. 이를테면 일단 애니팡을 하려면 하트가 필요한데, 대부분의 사람들은 돈을 부담하기 싫어하고, 그렇다고 하트가 다시 제공될 때까지 기다리기는 아쉽다. 그래서 게임을 하려는 사람은 지인에게 하트를 받기 위해 하트를 먼저 보내는 일들이 반복된다.

그렇다고 이 시스템이 '나누는' 형식의 공유 시스템도 아니다. 그저 조건 없이 주는 방식이다. 카카오톡에 친구로 등록된 사람에게 하트 선물을 보내면, 하트를 받은 사람은 카톡 채팅방에서 이를 확인하게 된다. 하트를 보내면 하트를 달라는 암묵적인 메시지를 전달하는 것이다.

정리해 보면 '애니팡'의 성공은 플랫폼을 통한 사용자 친구 간에 상호 연결되는 소셜 기능의 결과라 할 수 있다. 세 사람의 평범한 창업자가 평범한 직장에서 평범한 상품을 만들어 게임 시장의 강자가 되었다는 사실은 현실에 좌절하고 미래와 꿈을 포기하는 청년들에게는 큰 도전이 된다.

본질을 잃으면
진보도 퇴보도 없다

변화의 쓰나미에서 살아남은 후지필름

얼마 전만 하더라도 필름 시장에서는 미국의 코닥과 일본의 후지 필름이 치열한 경쟁을 치르고 있었고, 카메라 시장에는 니콘과 캐논, 폴라로이드가 강세였다. 이렇게 기세등등하던 코닥과 폴라로이드의 연이은 파산은 가히 메가톤급 충격이었다. 이들 기업의 패망은 변화를 수용하지 못하고 혁신의 시기를 놓친 점에 있다는 평가가 대부분이다.

이러한 점에서 후지필름은 단연 돋보이는 기업이다. 2013년 4월부터 2014년 3월 기준으로 매출을 따져 보면, 매출 2조 4,400억 엔과 이익 1,400억 엔의 괄목할 성과를 기록하고 있다. 그렇다면 후지필름은 어떻게 '디지털화'라는 급격한 변화를 이겨내고 시장에 다시 우뚝 서게 되었는가?

다시 얘기를 되돌리면 보다 명확해질 것이다. 2000년도의 대 변화인 필름 카메라에서 디지털카메라로, 디지털카메라에서 스마트폰으로의 전환은 쓰나미가 밀려오듯 초스피드로 이루어졌다. 아이러니하게도 디지털카메라는 코닥과 폴라로이드 양사에서 출시되었다. 그러나 워낙 안정적인 사업에 안주했던 두 기업은 자신들이 발명했음에도 기존 사업에 타격을 줄까 봐 디지털카메라 사업을 키우지 않았고, 그 결과 파산의 길을 걷게 되었다.

이렇게 어려운 시기였던 2000년에 후지필름 CEO로 취임한 고모리 시게타카는 '제2의 창업'을 선언하고, 사업 개편과 구조조정을 단행하였다. 그의 취임 초기 후지필름은 주력 사업이던 사진 필름 매출이 역대 최대를 기록하였고, 심지어 코닥을 제칠 정도로 그 명성은 대단하였다.

진짜 승부는 막다른 골목에서 시작된다

"진짜 승부는 막다른 골목에 몰린 상태에서 시작된다. 이를테면 '이건 풀리지 않을 것 같다'라거나 '이건 가능할 것 같지 않다'라는 생각이 들 때 나는 역으로 난제를 극복하려 한다. 그것이 인생에 있어서 노력의 진짜 의미다. 그냥 열심히 최선을 다했다고 하는 것으로는 부족하다."

고모리 시게타카의 이 말은 그저 말로 끝나지 않았다. 우선 필름 시장을 대신할 성장 시장을 찾기 위해 사내에 있는 기술을 꺼내 놓았다고 한다. 후일 후지필름의 명성을 빛나게 한 4분면 분석법이 이렇게 탄생되었다. X축은 시장을 기존 시장과 새로운 시장으로 나누고, Y축은 기존 기술과 새로운 기술로 나누어 그 4분면에 어떤 기술을 적용해 어떤 제품을 만들어 낼 수 있는지 이들은 혼신을 다해 연구하였다.

후지필름의 '4분면 분석법'으로 분석한 기술의 네 가지 범주는 다음과 같다.

1. 기존 기술 가운데 기존 시장에서 적용하지 않은 것은 없는가?
2. 새로운 기술로 기존 시장에 적용할 것은 없는가?
3. 기존 기술로 새로운 시장에서 적용할 것은 없는가?
4. 새로운 기술로 새로운 시장에 적용할 것은 없는가?

이런 4분면에는 각각 생존을 위한 세 가지 전략이 세워졌다.

그 첫째가 디지털카메라 시장에 올라타기였다. 예를 들어 화상 찍는 소자라든지, 디지털카메라용 렌즈, 디지털 화상 소프트웨어, 디지털 인쇄 시스템 등 자체 개발한 제품을 통해 수익을 높였다.

둘째, 새로운 사업도 중요하지만 기존 사진 필름의 품질을 극대화하여 점유율을 높이는 일도 소홀히 하지 않았다.

끝으로 새로운 사업을 개발하는 데 몰두하였는데, 디지털카메라

[후지필름의 4분면 분석]

새로운 기술

<table>
<tr>
<td>

2. '새로운 기술'로 '기존 시장'에 적용할 것은 없는가?

레이저 내시경 / 의료용 화상 정보 시스템 / 다기능 복사기 / 고급 디지털카메라 / 컴퓨터용 초정밀 백업 테이프

</td>
<td>

4. '새로운 기술'로 '새로운 시장'에 적용할 것은 없는가?

초음파 진단장치 / 의약품 / 반도체용 재료 / 화장품 / 의료용 자료

</td>
</tr>
<tr>
<td>

1. '기존 기술' 중 '기존 시장'에 적용하지 않은 것은 없는가?

콤팩트 디지털카메라 / 복사기 / 복합기 / X선 디지털 화상 진단 시스템 / 광학렌즈 / 사진필름 / 뢴트겐 필름

</td>
<td>

3. '기존 기술'로 '새로운 시장'에 적용할 것은 없는가?

전도성 필름 / 열차단 필름 / 태양전지용기판 / LCD용 필름 / 휴대전화용 플라스틱 렌즈

</td>
</tr>
</table>

기존 시장   새로운 시장

기존 기술

의 영역을 넘어서서 제약이나 헬스케어 등의 새로운 비즈니스에 우선순위를 두었다.

이런 대대적인 사업을 위해 부족한 기술은 적합한 회사와의 인수합병 방식을 통해 해결했다. 인수합병은 후지필름이 갖고 있는 노하

우와 시너지를 낼 수 있는지 면밀히 검토한 후에 이루어졌다. 야성적인 예리함과 직감, 파워로 이루어진 지능 근육을 통해 스피드 경영과 다이내믹 경영을 만들어 갔는데, 여기서 눈여겨보아야 할 것은 본질, 즉 정체성을 잃지 않았다는 것이다. 인수합병을 하더라도 '본업과 무관한 분야는 절대 진출하지 않는다. 필름 개발 과정에서 확보한 10만 점이 넘는 화학 물질 등 기존 기술 역량을 최대한 활용해 확장을 시도한다'라는 후지필름만의 전략이었다.

실제로 신사업인 '아스타리프트'라는 화장품은 필름의 가장 중요한 재료인 콜라겐을 인간의 피부에 적용하자는 아이디어에서 출발했다. 투명성과 얇은 두께, 균일한 표면을 유지해야 하는 필름 기술을 활용해 후지필름이 전혀 다른 분야에 도전한 것이다.

이렇듯 본질을 지키고 이를 아이디어와 연결하여 시장을 확장하거나 개척한 후지필름의 사례는 다시 한 번 주목할 만한 혁신의 사례라고 여겨진다.

멘탈이 강해야
성공에 오른다

꿈장사는 가라, 진짜 꿈을 심으라

호텔왕 콘래드 힐튼은 호텔 벨보이에서 시작하여 남극 대륙을 제외한 세계 각지에 250여 개에 이르는 힐튼호텔을 세운 사람이다.

그가 한창 호텔 수를 늘려 갈 때 그의 아들이 물었다.

"아버지, 아버지는 무일푼으로 시작해서 세계적인 호텔 재벌이 되었어요. 대체 아버지의 무엇이 그런 대단한 성공을 가능하게 한 거죠?"

그때 힐튼이 말했다.

"노력! 끝을 모르는 노력! 그것 하나뿐이지."

너무 평범한 대답에 실망한 그의 아들은 못마땅한 표정으로 아버지에게 대꾸했다.

"아버지, 물론 노력이 중요하긴 하지만 그것만으로는 아버지 같은 일을 할 수 없어요. 아버지 회사만 해도 아버지보다 더 열심히 일하는 직원들이 얼마나 많은데요."

정곡을 찌르는 말에 다소 머쓱해진 힐튼은 슬쩍 말을 바꾸었다.

"그래, 다시 생각해 보니 노력에 덧붙여진 나의 재능이 있었어. 만약 나에게 호텔을 운영할 재능이 없었다면 이런 성취를 이룰 수 없었을 거야."

그러자 아들이 말을 이었다.

"저기요, 아버지. 아버지 호텔에서 일정 직위에 오른 사람치고 아버지만한 재능을 갖지 못한 사람은 단 한 사람도 없다고요."

그러자 힐튼이 말했다.

"꿈을 가져야 한다."

꿈을 강조하는 사람들의 전형적인 기승전결이다. 성공이란 결론을 내기 위해 도입부가 미화되거나 미사여구가 동원된다.

도대체 꿈의 실체는 어디에 있는가? 꿈과 성공은 어떻게 연결되는가? 소위 잘나가는 강사들의 꿈 이야기는 현실적으로 막막한 청년들에게 단비와도 같은 희망을 건넨다.

그러나 이는 실현되지 못할 신기루일 수 있다. 성공한 사람들, 소위 꿈꾼 자들의 성공 방정식은 그들만이 풀 수 있는 태생적 한계를 가지고 있으므로 이를 구경하는 팔로워들에게는 그림의 떡인 셈이다.

그러므로 꿈장사들의 드라마틱하고 센세이셔널한 인생 이야기는 미디어의 좋은 소재일지 모르지만, 현실적으로는 이솝우화일 수가 있다. 누가 신데렐라이고 누가 양탄자를 타고 하늘을 날겠는가?

멘탈이 강한 사람들의 13가지 특징

미국 페이스북에서 200만 명에게 회자되는 '멘탈이 강한 사람들의 13가지 특징'을 통해 멘탈과 성공의 상관관계를 유추해 보고자 한다.

1. 그들은 자신의 환경이나 주변을 탓하지 않는다

정신적으로 강한 사람들은 그들이 처한 환경을 한탄하거나 남들이 그들을 어떻게 대하는지에 대해 서운해하느라 허송세월을 보내지 않는다. 대신 삶이 항상 쉽거나 공정하지 않다는 것을 이해한다.

스타벅스 회장인 하워드 슐츠는 1953년 뉴욕 브루클린 빈민가에서 태어났다. 그의 부친은 병원의 일용직 근로자였지만, 그는 환경에 개의치 않고 노력한 결과 대기업 부회장 자리까지 올랐다.

그런 그가 1982년 대기업 부회장직을 박차고 나와 고작 4개의 지점을 가지고 있는 작은 커피 회사인 스타벅스의 책임자로 부임하고, 1987년 스타벅스를 인수하기에 이른다. 그는 242번의 투자 제의를 했지만 그 중에 217번이나 투자를 거절당했음에도 오늘날 스타벅스를 글로벌 기업의 반열에 오르게 하였다.

2. 그들은 정신력을 낭비하지 않는다

그들은 다른 사람들에게 휘둘리지 않으며, 자신도 남을 휘두르지 않는다. 그들은 '상사가 짜증나게 해'라고 이야기하지 않는다. 왜냐하면 자신의 감정을 컨트롤할 수 있기 때문이다.

스칸디나비아항공사 CEO 얀 칼슨은 현장에 있는 최일선의 직원과 고객이 만나는 15초가 기업의 성공을 결정짓는 '진실의 순간'이라고 했다. 그는 이 시간을 항공사의 서비스 이미지를 확실하게 심는 시간으로 만들어야 한다고 생각하고, '진실의 순간' 15초 동안 승무원이 감정적으로 휘둘리거나 흔들리지 않도록 교육하였다.

3. 그들은 변화가 두렵다고 피하지 않는다

정신적으로 강한 사람들은 변화를 회피하려 하지 않는다. 불평하기보다는 변화에서 긍정적인 면을 찾고, 그것에 유연하게 대처하는 방식을 찾는다. 그들은 변화를 피할 수 없으며 자신들은 그 변화에 적응할 능력이 있다고 믿는다.

제너럴일렉트릭(GE)은 이미 글로벌 기업으로 성장했지만, 계속해서 배움의 자세를 놓지 않는다. 특히 경쟁사나 다른 분야에서도 배울 점을 찾고 적용해 나간다.

이들은 크라이슬러와 캐논으로부터 새로운 제품의 개발과 출시 기법을 배웠고, 도요타로부터 고객이 주문하면 바로 생산되는 JIT(Just In Time)를 배웠다. 또한 모토로라와 얼라이드시그널로부터 혁신 활동의 대명사인 6시그마도 전수받았다. 6시그마는 100만 개의 생산 제품 중 3, 4개의 불량품만 허용하는 품질 혁신 운동으로, 거의 불량 제로를 추구하는 품질경영 혁신 기법이다.

4. 그들은 자신이 컨트롤하지 못하는 일에 에너지를 낭비하지 않는다

멘탈이 강한 사람은 교통 체증에 불평불만을 늘어놓지 않는다. 대신 그들은 그 안에서 할 수 있는 일을 찾는다. 컨트롤할 수 있는 유일한 것은 자신의 태도뿐이기 때문이다.

도요타의 CEO였던 도요타 에이지는 소형차를 제작하는 데 익숙한 기술자들에게 이런 질문을 던졌다고 한다.

"우리는 벤츠와 BMW에 필적한 세계 최고의 자동차를 만들고자 한다. 할 수 있겠는가?"

이 질문에 부응하기 위해 중형차를 만든 경험이 없던 도요타의 핵심 기술자들은 렉서스라는 세계적 명차를 생산하였다.

5. 그들은 남의 기분을 맞춰 주는 것에 스트레스를 받지 않는다

그들은 자신이 항상 모든 사람들의 기분에 맞춰 줄 필요가 없다는 것을 안다. 그들은 필요할 때 'No'라고 답하거나 소리를 높이기도 한다. 그들은 친절하고 공정하기 위해 노력하지만, 다른 사람들이 예의를 갖추지 않으면 그들도 친절하게 대하지 않는다.

고객의 요구에 무조건 순응하는 기업이 성공하는 것은 아니다. 서비스보다 가치를 앞세운 기업은 고객의 반응에 예민하게 반응하지 않는데, 그 이유는 서비스보다 더한 미션과 멘탈이 존재하기 때문이다.

대표적인 예로 세계 벤처 1호 기업인 휴렛팩커드는 "우리는 프린터를 만들기 위해 존재하는 것이 아니라, 인간의 진보와 번영을 위해 기술적으로 공헌하려고 기업을 시작한다"라고 말했다.

6. 그들은 예상된 문제점을 피하지 않는다

그들은 무모하거나 어리석은 위험에 뛰어들지 않는다. 그러나 이미 예측된 위험을 감수하는 것은 마다하지 않는다. 정신적으로 강한 사람은 큰 결정을 내리기 전 위험과 이익을 재는 데 시간을 쓴다. 그리고 행동에 들어가기 전 잠재적 손실에 대한 충분한 정보를 파악한다.

배를 바다와 맞닿은 부두에서 만들어야 한다는 논리를 뒤집고 맨땅 위에서 배를 만들어 바다로 띄운 현대중공업이나, 게임도 스포츠임을 입증한 스타크래프트, 카페인과 무카페인을 분리하여 성공한 비타500 등의 사례는 예측된 위험을 감수하고 성공한 사례다.

7. 그들은 과거에 머무르지 않는다

정신적으로 강한 사람들은 지나간 시간 속에 머물면서 '그때 그 일이 이렇게 되었다면 좋았을 텐데'라는 후회를 하며 시간을 낭비하지 않는다. 그들은 과거를 인정하고 그것으로부터 교훈을 얻으려 한다. 그리고 그들은 과거의 영광스런 날들에 대한 환상을 갖지 않는다. 그들은 현재를 살면서 미래를 계획한다.

2001년 9월 11일 오전 9시부터 오후 5시 20분 사이에 미국 뉴욕의 110층 건물인 세계무역센터 쌍둥이 빌딩이 무너지고 펜타곤이 공격당하는 끔찍한 일이 벌어졌다. 90여 개국의 3,500여 명이 무고한 생명을 잃었고, 경제적 손실로는 건물 자체로만 환산해도 1조 4,300억 원이고, 기타 손실을 모두 고려한다면 화폐가치로는 환산이 불가능하다.

미국인들은 이 자리에 지상 94층, 지하 5층 규모의 미국에서 가장 높은 건물을 세웠다. 과거에 머물지 않고 미래를 향해 뛰겠다는 미국인의 강한 의지와 멘탈의 표현이었다.

8. 그들은 같은 실수를 반복하지 않는다

정신적으로 강한 사람은 그들의 행동에 대해 책임질 줄 안다. 그리고 과거의 실수로부터 새로운 것을 배운다. 실수를 반복하지 않는다. 대신에 그들은 계속 움직이며 미래를 위해 더 나은 결정을 한다.

닉슨 대통령의 측근 중에 찰스 콜슨이라는 사람이 있었다. 그는 대통령 권력을 보좌하는 직분을 맡으면서 특권을 마음껏 누렸고, 결국 '워터게이트' 사건으로 철창행 신세가 되었다.

그는 열악한 감옥에서 생활하면서 자신이 해야 할 것들을 바라보게 되었다. 출옥 후 그는 《거듭남 *Born Again*》이라는 책을 써 베스트셀러 작가의 반열에 오른다. 그는 이에 멈추지 않고 미국 교도소 선교회를 세운다. 이는 과거와 같이 권력의 시녀이기보다는 다시 태어나 남을 위해 헌신하고 봉사하는 삶을 살고자 했던 그의 탁월한 선택이었다.

9. 그들은 다른 사람의 성공을 보고 억울해하지 않는다

정신적으로 강한 사람들은 다른 사람들이 인생에서 거둔 성공을 축하하고 인정할 줄 안다. 그들은 다른 이들이 자신들을 뛰어넘는 성공을 거두었을 때 질투나 배신감을 갖지 않는다. 대신 그들은 열심히 노력한 결과 성공하게 된 것이라 인정하고 자신들의 성공을 위한 기회를 찾기 위해 열심히 일한다.

사이클계의 영원한 라이벌이었던 두 전설 랜스 암스트롱과 그의 경쟁자 얀 율리히. 프랑스 일대 350킬로미터를 20구간으로 나누어서 23일간 진행하는 '투르 드 프랑스'라는 혹독한 대회에서 있었던 두 사람의 미담은 두고두고 회자된다.

2003년 투르 드 프랑스에서 마지막 구간 9.5킬로미터를 남긴 상황에서 앞서 가던 랜스 암스트롱이 관중의 가방에 걸려 넘어지는 심각한 사고가 발생했다. 그런데 뒤따르던 '영원한 2인자' 얀 율리히가 이 사고를 보고는 그를 앞지르지 않고 암스트롱이 일어나서 정상 속도를 낼 때까지 기다려 준다. 이를 두고 사람들은 '위대한 멈춤'이라 칭한다.

그런데 뜻밖에도 2004년 경기에서는 얀 율리히가 넘어지는 사고를 당한다. 이때 앞서가던 랜스 암스트롱은 속도를 줄이며 얀 율리히가 따라오기를 기다린다. 이 따뜻한 인간애가 느껴지는 두 사람의 이야기는 멘탈이 강한 사람들의 특징을 보여 준다.

10. 그들은 한 번의 실패로 포기하지 않는다

정신적으로 강한 사람은 실패를 포기의 이유로 보지 않는다. 대신 그들은 성장과 개선을 위한 기회로 실패를 이용한다. 그들은 그것을 바르게 해낼 때까지 계속 시도한다.

링컨은 40대 후반까지 무려 여덟 번이나 낙선했고, 두 번의 사업에 실패했다. 에디슨은 축전지를 발명하기 위해서 무려 5만 번의 실패를 극복해야 했고, 최고의 농구선수 마이클 조던은 무려 9,000번이나 넘는 슛을 실패하고 300여 차례나 경기에 졌다. 셰익스피어는 평생 154편의 시를 썼음에도 성공한 몇 편을 빼고는 다 형편없는 졸작으로 평가받았고, 모차르트는 평생 600편이나 되는 곡을 발표했지만 대부분 작품성이 형편없다는 평을 듣고 빛을 보지 못했다.

이들의 공통점은 실패를 포기의 이유로 보지 않고 성공의 원동력으로 삼았다는 점이다.

11. 그들은 홀로 있는 시간을 낭비하지 않는다

정신적으로 강한 사람은 홀로 있는 것을 견디며, 침묵을 두려워하지 않고, 정체된 시간을 무의미하게 낭비하지 않으며, 생산적으로 이용한다. 그들은 홀로 있는 시간을 즐기며 홀로 있으면서도 행복해할 수 있다.

한 학생이 아인슈타인에게 물었다. "선생님은 누가 봐도 성공한 분입니다. 선생님의 성공 비결은 무엇인가요?"

이에 한동안 침묵하던 아인슈타인은 간단한 공식 하나를 적어서 그에게 보여 주었다.

"S=X+Y+Z. S는 성공이다. S를 도출하기 위해서는 X가 첫째 조건인데, X는 열심히 일하는 것이다. 그리고 Y는 인생을 즐기는 것이다. Z는 홀로 고요히 침묵하는 것이다."

학생이 되물었다. "성공에 왜 고요한 시간이 필요하지요?"

아인슈타인이 웃으며 답했다. "고요히 자기를 들여다볼 시간을 갖지 않으면 목표가 빗나가기 때문이지."

12. 그들은 세상이 자신에게 무엇을 해 줘야 한다고 생각하지 않는다

정신적으로 강한 사람들은 인생을 살아가는 데 있어서 자신에게 어떤 권리가 있다고 생각하지 않는다. 다른 사람들이 그들을 돌봐 줘야 한다거나 세상이 그들에게 뭔가를 해 주어야 한다는 식의 사고 방식을 가지고 있지 않다. 대신 그들은 자신이 가진 장점에 기반하여 사회에 재능을 나눌 기회를 찾는다.

의료 봉사의 상징적 인물인 알베르토 슈바이처. 이타성으로 똘똘 뭉친 성인인 그가 의료 봉사자로 거듭난 계기가 된 어느 날의 기록이 있다.

"1898년 어느 청명한 여름날 아침, 나는 귄스바흐에서 눈을 떴다. 그날은 성령강림절이었다. 이때 문득 이러한 행복을 당연한 것으로 받아들일 것이 아니라, 여기에 대해서도 무언가 베풀어야겠다는 생각이 들었다. 내가 이런 생각과 씨름을 하는 동안 바깥에서는 새들이 지저귀고 있었다. 나는 자리에서 일어나기 전에 조용히 생각해 본 끝에 서른 살까지는 학문과 예술을 위해 살고, 그 이후부터는 인류에 직접 봉사하기로 마음을 정했다."

13. 그들은 즉각적인 결과를 기대하지 않는다

정신적으로 강한 사람은 일을 하거나 어떤 행동을 할 때 즉각적인 결과를 기대하지 않는다. 그들이 갖고 있는 기술과 시간을 이용하여 실제 변화가 일어나는 데는 시간이 걸린다는 것을 이해한다.

바이러스에 의해 병이 전염되듯, 아이디어와 제품, 메시지와 행동이 극적으로 변화되고 폭발하여 퍼지는 순간을 '티핑 포인트'라고 한다. 문제는 이 티핑 포인트가 간헐적으로 이루어진다는 것과, 때로는 이 순간을 만나기까지 긴 시간이 걸린다는 것이다. 인내라는 강한 멘탈을 가지고 있어야 견딜 수 있는 사안이다.

결핍을 어떻게
반전시킬 것인가?

무서운 샤오미, "태풍을 만나면 돼지도 날 수 있다"

창립한 지 3년 만에 중국 스마트폰 시장 1위, 세계 스마트폰 시장 5위에 오르며 저력을 과시한 기업이 있다. 신제품만 내놓으면 매진되며, 심지어 열렬한 팬클럽까지 둔 기업. 중국 3대 IT 기업을 모아 일컫는 BAT(바이두, 알리바바, 텐센트)에 더해져, 4대 기업 'TABX'라는 신조어를 만들어 낸 기업. 바로 샤오미다. 이들의 거침없는 행진은 중국 내에서 뿐 아니라 국외에서도 당분간 계속될 것 같다.

샤오미를 대하면서 '애플 짝퉁'이 아니냐고 묻는 사람이 있다. 샤오미의 CEO 레이쥔의 별명도 '스티브 잡스'다. 미국 경제지 〈포브스〉도 레이쥔의 별명을 스티브 잡스라 불렀다. 그를 보면 스티브 잡스가 떠오를 만큼 그는 의식적이든 무의식적이든 '스티브 잡스 따라하기'를 한다. 신제품을 발표하는 행사 때 그는 검은 티셔츠에 청바지, 운동화 차림으로 나와 '원 모어 씽(One more thing)'을 외친다. 출시하는 스마트폰과 태블릿 디자인마저 아이폰과 아이패드를 꼭 닮았다. 샤오미의 소프트웨어 기반인 '미유아이(MIUI)' 역시 환경만 안드로이드 기반일 뿐 다른 모든 건 iOS를 빼다 박았다.

그렇다면 샤오미가 정말 '애플 짝퉁'의 자리에 머물러 있을 상품일까? 그렇지 않다. 그들의 정체성은 하드웨어에 기반을 둔 제조업보다는 소프트웨어 회사다. 샤오미의 승리를 예측할 때 이 점을 유의 깊게 보아야 한다.

짝퉁이라는 개념에만 머물면 샤오미를 이해하는 데 어려움이 있다. 샤오미는 일단 이용자들을 소프트웨어 개발자로 참여시켰다. 이것은 기존 애플이나 삼성에서 활성화시킬 필요를 못 느낀 전략이다. 이런 예상치 못한 샤오미의 행보가 기존 강자들과의 차별화 전략으로 성공 요인이 되었다.

미유아이 웹사이트에는 이용자들의 피드백이 실시간으로 올라온다. 샤오미는 이들의 의견을 모아 매주 금요일 운영체제를 업그레이드시켰다. 이를 위한 개발자가 7,000명이나 포진되어 있다고 한다.

이런 시도는 '저가' 정책과도 연관되어 샤오미만의 장점을 만들고 있다. 저렴하다는 장점은 한국의 단말기유통법의 카테고리를 벗어날 정도로 매력적이다.

쌍방향으로 소통하는 인터넷에 대한 통찰력이 이렇게 큰 파장을 몰고 올지는 그들 스스로도 감지하지 못한 것 같다. 그들은 제품에만 매달린 것이 아니다. 그들은 마치 고객을 위해 존재하는 것 같은 느낌을 강하게 준다. 예를 들면 심리적으로 소비자와 가까워지기 위해 소셜 네트워크 서비스를 활용한다. 마치 연예인이 팬 관리를 하듯, 자신들의 새로운 정보를 계속 업그레이드시키는데, 중국판 트위터인 웨이보에는 레이쥔의 팔로워가 1,100만 명이 넘는다고 한다.

그리고 이들은 소비자의 심리를 꿰뚫어 우리 홈쇼핑에서나 볼 수 있는 헝거 마케팅을 활용했다. 이들의 제품은 실시간으로 랭크되어 남은 개수를 계산하고 있는데, 이런 기법이 소비자의 마음을 들뜨게 하고 구매력을 높인다.

만일 샤오미가 그냥 '애플 짝퉁'에 머물렀다면 지금의 자리에 오를 수 있었을까? 일례로 '미유아이'를 보면 안드로이드 환경에 애플의 iOS 인터페이스를 채택하여 각기 장점만 살렸다는 평가를 받기에 충분한데, 26개국의 언어 버전이 나와 있으며 이용자는 7,000만 명이 된다는 기록이 결코 우연은 아니라는 것이다.

정리해 보면 샤오미의 선전은 자기만의 소프트웨어 기반에, 저가 및 헝거 마케팅 전략 때문에 가능했다. 레이쥔은 샤오미를 창업하면서 "태풍을 만나면 돼지도 날 수 있다"라고 대외에 천명했다. 여기서 돼지는 모바일 인터넷으로, 이들의 정체성이 단순하게 값싼 스마트폰 제조업체가 아니라 모바일 인터넷이라는 큰 밑그림을 그리고 있다는 점을 시사하고 있다.

싱가포르, 아시아 의료 관광의 허브가 되다

서울 크기만 한 싱가포르의 의료 관광은 매머드 급이다. 의료 관광객 100만 명, 관련 수익 2조 7,000억, 부가가치 수익 2조 3,000억으로 이는 국내총생산(GDP) 기여도 1.1퍼센트에 이른다.

싱가포르 정부가 공식 발표한 자료를 보면 2007년, 50만 명의 해외 환자로부터 1조 3,000억의 관련 수익을 냈고, 2010년에는 72만 명의 외국인이 싱가포르 병원을 찾은 것으로 집계된다. 한국이 2010년에 8만 명, 2011년에 11만 명의 해외 환자를 받은 것에 비하면 그 규모를 짐작할 만하다.

싱가포르 의료 관광의 성공 요인을 분석해 보면 다섯 가지의 요소를 발견할 수 있다.

먼저는 아시아의 의료 관광 허브로 자리잡겠다는 싱가포르 정부의 의지다. 정부는 2003년부터 이미 '싱가포르 메디신', '헬스케어'라는 별도 조직을 만들어 의료 관광에 집중 투자해 왔고, 의료 서비스의 질을 높이기 위해 자국 의사들에게 해외 연수를 꾸준히 받게 하여 서비스 품질을 세계적 수준으로 향상시키고 있다.

두 번째는 의료 기술에 대한 명성이다. 2000년 아시아에서 최초로 '부분 치환술'을 시도했으며, 2001년에는 머리 부분이 붙은 네팔의

샴쌍둥이를 97시간에 걸쳐 분리하는 수술에 성공했다. 이밖에도 각종 암, 장기이식 등 고위험 분야의 수술에 있어 기술적인 역량 강화와 신기술을 배우는 데 거침이 없다.

세 번째는 고부가가치 상품 개발이다. 싱가포르는 눈, 뇌, 심장 수술과 암 치료 등 중증 질환 치료에 중점을 두고 있다. 이는 장기간 입원을 필요로 하고, 고가의 시술비가 들며, 보호자가 동반 입국하므로 환자 한 명이 소비하는 비용이 단순한 건강검진이나 미용 시술보다 높아지는 것이다.

네 번째는 의료 기관의 정보, 의료비의 투명한 공개다. 싱가포르 보건부에서는 각 의료 기관의 진료 과목, 특화 치료법 및 평균 진료비, 감염 통제 통계 등의 정보 등을 온라인상에 게재하고 있다.

마지막으로 '불편 없는 서비스'다. 중국어, 말레이시아어 등 다양한 언어 소통이 자유롭게 이루어질 수 있도록 통역 서비스를 제공하고, 외국인 환자를 위해 병원은 물론 호텔, 레스토랑, 교통편 등 각종 예약을 관리하는 시스템과 장기 입원 환자를 위한 쾌적한 병실 및 내부 시설을 제공한다는 점이 이들의 탁월한 경쟁력이다.

결핍에서 시작하여 결핍 에너지로 반전하다

샤오미와 싱가포르 의료 관광에는 이들만의 공통점과 강점이 있다. 즉, 결핍에서 시작하여 결핍의 반전으로 동력을 얻은 케이스다.

샤오미의 조건은 엄격한 의미로 보면 탁월하거나 경쟁적 우위에 있지 않다. 그러나 그들은 현실적으로 경쟁 구도를 깰 자기만의 경쟁력을 찾기에 온 힘을 기울였다. 이를테면 '꼭 안드로이드 운영체제를 고객에게 강요해야 하는가?'와 같은 질문이다. 나아가 '일방적으로 안겨 버리는 불통의 전략을 추종해야 하는가?' '고가의 제품을 통해 자사의 포지셔닝을 유지할 수 있는가?' '잠들어 있는 구매 심리를 방치해야 하는가?' 등등의 계속된 질문이 반전을 일으켰다.

싱가포르의 상황은 어떠했는가? 좁은 땅덩어리에 한정된 인적자원을 가진 결핍 속에서 그들이 선택한 것은 정부의 결연한 의지 표명과 투자, 철저하게 계산된 수익 모델, 그리고 이에 따르는 서비스 시스템이었다. 그리고 투명성, 고객 중심의 서비스 인프라 등이었다.

1등이 되기 위해 전력을 투입하는 것이 아니다. 보이지 않는 것을 보이게 만드는 것, 생각할 수 없는 것을 생각하게 만드는 결핍 에너지를 통해 자신만의 길을 걸어가면 된다.

결핍이 왜 기회인지 샤오미와 싱가포르 의료 관광이 그 답을 보여준다.

천재처럼 놀라

자유로운 놀이 속에서 부수고 창조하다

구글에는 구글 차고지가 있다. 이 차고는 구글 직원, 즉 구글러의 놀이터다. 이곳은 세르게이 브린과 래리 페이지 두 사람에 의해서 세계 최대 검색 엔진이 탄생된 곳이다.

구글은 '구글스럽게' 세계 각국에 차고를 운영하고 있다. 구글은 '구글러가 구글을 위대하게 한다'라는 모토 아래, '자유로운 놀이'를 통해 창의적이고 혁신적인 문제를 해결하는 회사로 잘 알려져 있다. 과거 공상과학영화에서 등장했던 무인 자동차나, 전 세계 오지를 연결하는 '무선 인터넷 프로젝트', 그리고 안드로이드나 크롬 기반의 구글 TV, 구글 앱스 마켓플레이스, 구글어스 등 구글이 아니고서는 출시될 수 없었을 아이디어 상품이 '천재처럼 노는' 행위에서 비롯되었다는 것은 가히 충격적이지 않을 수 없다.

구글러들은 '자유로운 놀이' 속에서 오늘도 궁금한 것을 부수고 창조하는 일종의 무모한 도전을 감행하고 있다.

구글처럼 일터를 놀이터로 바꾸고, 아이디어 상품으로 글로벌 시장을 들썩이게 하는 아이디오(IDEO)라는 회사가 있다. 이 회사는 매년 90여 개의 신제품을 디자인하고, 지금까지 3,000여 개 이상의 제품을 개발한 바 있다. 또한 삼성, 애플, 마이크로소프트, P&G 등 세계 일류 기업들을 파트너로 하고 있으며, 애플이 내놓은 최초의 컴퓨터 마우스나 폴라로이드의 즉석카메라, 아이보리 비누, 크리넥스 등 전 세계에서 잘 팔리는 제품의 디자인 대다수가 아이디오에서 기획, 개발한 것들이다.

이를 입증이라도 하듯 미국의 경제지인 〈패스트컴퍼니〉는 아이디오를 세계 최고의 디자인 회사로 선정했고, 〈비즈니스위크〉는 아이디오에 10년 연속 산업디자인 대상을 수여했다. 〈월스트리트저널〉은 이 회사의 사무실을 '상상의 놀이터'라 명명했고, 경제지 〈포춘〉도 아이디오를 '이노베이션 유니버시티'라고 불렀다.

아이디오는 어떤 회사이기에 세상에서 가장 잘 팔리는 제품 디자인을 쉬지 않고 양산해 내는 걸까? 이 회사의 역량은 무엇이고, 어떤 훈련과 방식으로 창의성을 높여 갈까?

스탠포드대학에서 제품 디자인을 전공한 데이비드 켈리는 첨단 기업들이 몰려 있는 실리콘밸리의 심장부 팔로알토의 한 의류상가에 작은 방 두 칸을 얻어 의기투합한 디자이너 4명과 함께 사무실을 열었다. 이후 자신의 이름을 딴 데이비드 켈리 디자인으로 회사명을 바꾸고, 설립한 지 10년 되던 해인 1991년에는 런던의 모그리지 어소시에이츠, 샌프란시스코의 아이디 투, 팔로알토의 메트릭스와 합병하면서 세계적인 디자인 기업으로 재탄생했다. 이것이 오늘날의 아이디오다.

열정이 넘치는 회사를 만들라

아이디오가 오늘날 최고의 디자인 기업으로 부각되고 벤치마킹 대상이 되는 이유를 찾을 때 흔히 그 회사에 천재적인 디자이너가 있어서가 아닐까 짐작한다. 하지만 사실은 다르다. 정답은 분위기다. 아이디오에는 창의적인 작업 분위기를 만들어 내는 특유의 방식이 있고, 이것이 천재성을 뛰어넘는 최고의 디자인을 창출해 낸다.

아이디오 직원들의 일하는 방식, 조직 구조, 근무 환경, 사무실 인테리어 등은 기존 회사들과 전혀 다른, 이노베이션 그 자체다. 창업자의 동생이자 현재 아이디오의 대표이사를 맡고 있는 톰 켈리는 그의 저서 《유쾌한 이노베이션》에서 이렇게 말한다.

"이노베이션은 팀, 열정, 테크놀로지, 일터, 우연, 모험, 재미, 경쟁, 비전 등이 함께 어우러져 일어난다. 틀에 박힌 딱딱하고 괴로운 작업이 아니라 놀이처럼 즐기는 가운데 뛰어난 창의적인 성과가 꽃피는 것이다. 최고의 회사가 되기를 원한다면 이노베이션 기업 문화를 회사에 뿌리내려 신 나는 일터이자 진지한 놀이터로 만들라. 회사 직원들이 창의적인 사람이 되기 위해서는 회사의 분위기 조성이 무엇보다 중요하다."

아이디오는 자유롭고 창의적인 분위기를 만드는 일환으로 누구든 언제 어디서나 자신의 아이디어와 의견을 자유롭게 내놓을 수 있도록 했으며, 기존 기업들이 안고 있는 구태의연한 스탠다드 원칙은 모두 버렸다. 사무실 환경은 직원들 스스로 자신의 개성에 맞게 마음대로 디자인하고 꾸미도록 했다.

이런 분위기에서 아이디오는 팀 위주로 작업을 진행한다. 한 팀은 12명에서 20명까지 다양한데, 일단 과제가 주어지면 팀 전원이 문제 해결에 매달리며 한 사람의 아이디어에 의해 결정되는 것은 절대 허용하지 않는다. 팀 작업은 상호 신뢰와 우호적인 분위기에서 이루어지는데, 모두가 자신의 아이디어를 자유롭게 내놓고 공유한다.

기업으로부터 제품 의뢰가 들어오면 그 제품 디자인을 맡은 팀은 시장조사부터 시작한다. 그리고 미래에 사용자가 될 잠재적 고객들의 일상생활을 세심하게 관찰한다. 그 관찰 결과를 토대로 아이디어를 떠올리고 견본을 만들어 낸다.

아이디오가 P&G로부터 의뢰 받은 어린이용 칫솔 프로젝트의 경우, 아이디오 팀은 어린이들이 주먹을 쥐듯이 칫솔을 잡는다는 사실을 알아냈고, 어른용 칫솔보다 손잡이 부분이 훨씬 굵은 칫솔을 개발했다.

아이디오의 창조적인 분위기는 회사에 붙어 있는 글에서도 드러난다.

- 고객과 고객이 아닌 사람도 관찰하라.
- 직원과 방문자에게 긍정적인 무언의 메시지를 전할 수 있도록 사무실 공간에 활기찬 분위기를 불어 넣으라.
- 당신의 제품과 서비스를 제공할 때 명사가 아니라 동사를 생각하라. 이것은 당신의 회사 혹은 브랜드와 접촉하는 모든 사람들에게 놀라운 체험을 제공한다.
- 규칙을 깨뜨리고, 성공하기 위해 실패하라. 변화는 문화의 일부이며, 사소한 좌절은 언제나 일어나는 일이다.
- 사람을 먼저 생각하고, 조직 내부 환경을 손질하라.
- 이 부서와 저 부서, 당신의 회사와 잠재 고객, 현재와 미래 사이에 다리를 놓으라.

아이디오에서 배우는 유쾌한 이노베이션

아이디오의 혁신적인 이노베이션은 기업 브랜드를 높이는 성과를 거두었고, 다른 기업들에게 부러움과 벤치마킹의 사례가 되고 있다. 이는 국내 기업들에게도 마찬가지다.

하지만 겉으로 드러난 성과에만 매달려서는 아이디오와 같은 회사를 만들 수 없다. 이 회사가 오늘날과 같은 성과를 이루기까지 일관되게 지켜 온 혁신적인 철학을 읽지 못한다면 그것은 허울에 불과하다.

이 회사의 유쾌한 이노베이션을 벤치마킹하고 싶다면 이들이 지켜 오고 있는 네 가지를 결코 놓치지 말아야 한다. 그것이 우리가 아이디오의 성공에서 배워야 할 핵심이기도 하다.

첫째, 에너지를 발산하는 열정적인 팀을 만들라. 아이디오는 팀을 짤 때 뚜렷한 목표를 갖고 문제를 해결하기 위해 가장 적합한 팀원으로 팀을 구성하는 일에 세심할 정도로 신경을 기울인다. 하지만 팀을 구성한 후에는 모든 권한과 결정을 그 팀에 일임하는 등 팀에 한없는 신뢰를 부여한다. 이에 따라 팀은 주인의식을 갖고 일할 수 있으며, 회사라는 갇힌 틀에서 벗어나 자유롭게 상상하고 활동할 수 있다.

둘째, 고객의 입장에서 고객이 고민하는 사소한 문제까지 놓치지 말라. 아이디오는 '이노베이션은 눈에서 시작한다'는 생각 아래, 여러 프로세스를 통해 놓치기 쉬운 점들을 반드시 체크하도록 하고 있다.

셋째, 프로토타이핑은 최대한 신속하게 처리하라. 프로토타이핑이란 원형, 견본 또는 이것을 만드는 행위를 뜻하는 것으로, 아이디어를 실제로 재현해 보는 것이다. 아이디오는 머릿속으로만 생각하거나 그림으로 보여 주지 말고, 직접 손으로 만지고 볼 수 있도록 견본을 제작하라고 지적한다. 아이디오의 창업자가 주장한 '무엇이든 만들라. 그리고 직접 몸으로 체험하라'는 여전히 아이디오의 핵심 철학으로 이어져 오고 있다.

마지막으로, 틀에서 벗어나 자유롭게 일할 수 있는 업무 분위기를 조성하라. 아이디오는 이노베이션이란 특별한 공간이나 특별한 사람에 의해 이루어지는 것이 아니라 일터가 곧 이노베이션이며, 일하는 사람들이 자신의 일터에서 문제나 장벽을 뛰어넘어 해결하도록 하는 것이 이노베이션의 시작이자 끝이라고 강조한다.

더불어 우리가 구글과 아이디오의 경우에서 통찰력 있게 살펴보아야 할 것은 이 두 회사의 경영 전략이 '천재처럼 노는', 평범하지만 아주 특별한, 보이지 않지만 보이는 신기의 이노베이션이라는 것이다.

탁월한 성과를 내고 싶은가? 유쾌하게 놀고 상쾌하게 일하라.

PART 5

결핍을 마케팅하라

: 결핍은 스토리다, 스토리로 승부하라

평범하게 전기차로 안주할 것이냐,
생존을 담보 받을 수 없는 일반 자동차 시장으로 진입할 것이냐,

결정의 분기점에 서 있던 그들은 두 기로를 선택했을 때 드러날
자신들의 결핍을 직면하고,

적극 보완하여 결핍을 에너지로 전환시켜
신흥 강자로 우뚝 서게 만들었다.

치열한 경쟁 속에서 발견된 나의 결핍은
약점이 아닌 성공의 기회일 수 있다는 반증이다.

결핍 속 자아 찾기

누가 자신의 치부를, 결핍을 자랑하겠는가? 그런데 유대인들은 지우고 싶은 패배의 날을 기념한다. 세계를 통틀어 패전과 패배의 날을 기념하는 유일한 민족. 빛나는 승리만 기념하고 축제를 벌이는 측에서 보면 참으로 이채롭다는 생각이 든다.

유대의 민족 문학서 또는 역사서라 할 수 있는《하가다》에는 유대인의 가장 큰 축제일인 유월절에 대한 기록이 있는데, 그 기록은 "우리는 이집트 바로의 노예였다"라는 구절로 시작한다. 이는 우리 입장에서 보면 '우리는 일본의 식민지였다'라는 고백으로 시작하는 것과 같다. 전 세계 민족 문학에서 이렇게 굴욕에 찬 이야기로 시작되는 기록이 또 어디 있겠는가?

게다가 눈길을 끄는 것은, 자신들의 힘으로 바로에게서 해방을 쟁취했다고 쓰지 않고, 해방이 '되었다'라는 수동형으로 표현한 점이다. 이것은 자신들의 힘으로 해방을 얻은 것이 아니라 하나님이 자신들을 해방시켜 주었다는 진솔한 고백이다.

유월절은 유대인의 최대 명절로, 이집트 노예 생활에서 해방된 사건을 기념하는 축제다. 이들은 이날을 기억하기 위해 몇 가지 상징적인 음식을 차리는데, 그 첫 번째 음식이 쓴 나물로 이는 고통의 쓴 잔을 되씹기 위한 것이다. 무교병이라는 빵도 만드는데, 무교병은 누룩이 없는 빵으로, 이집트를 급히 떠나면서 먹었던 이 빵을 통해 해방의 날을 기억하기 위함이다. 그리고 마치 스토리가 이어지듯 삶은 달걀을 먹는데, 열을 가하면 오히려 굳고 단단해지는 달걀의 속성을 통해 고난 속에 신념과 결의를 굳히는 훈련을 한다고 한다. 식후에는 최후 승리와 최후 해방을 상징하는 '아라자'라는 음료를 마신다.

굴욕의 역사를 통해 좌절하거나 포기하지 않고 이를 교훈 삼는 것에는, 신념을 더욱 굳게 하여 종국에는 승리의 잔을 높이자는 의도가 담겨 있다. 과거를 기억하여 미래의 희망을 캐내고자 하는 유대 민족의 끈질긴 인내와 의지가 보인다.

그렇다고 유월절 밤에만 이집트에서의 종살이와 해방을 추억하고 기념하는 것이 아니다. 그들은 모든 절기와 경축일마다 반드시 자신들이 이집트에서 종살이를 하고 거기서 탈출한 과거를 언급하고 자신의 현실을 살핀다. 그들은 그 속에서 자신의 정체성과 자아를 찾기 위해 노력한다.

세계가 유대인에 대해 경외감과 두려움을 갖는 것은, 이들이 아무리 비관적인 현실일지라도 이를 극복하여 희망적인 미래에 연결하였기 때문이다.

위기를 마주하는 자세

1928년 미국의 대공황 때, 재산을 잃은 사람들 중에는 재기불능의 앞날을 비관하여 자살을 선택한 경우가 많은 반면에, 유대인만은 패배를 덤덤히 바라보고 모든 것을 다 잃었음에도 곧장 다른 분야로 옮겨 새 출발을 하였다.

이는 이스라엘과 아랍 전쟁에서도 마찬가지다. 1948년 이스라엘 독립 전쟁에서 이스라엘을 에워쌌던 아랍 국가들은 연전연패하였다. 더욱이 1967년 이른바 6일 전쟁에서도 이들 국가는 이스라엘에게 철저히 격파되었다.

이 전쟁의 결과는 두 진영에 명확하게 다른 모습으로 나타났다. 아랍 진영은 실패로부터 어떤 영향도 받지 못하여 패전국으로서의 양상을 보인 반면, 이스라엘은 아랍의 위협에도 불구하고 오히려 분쟁이 사라지고 긴장과 단결이 고조되어 국가 발전이라는 결과를 낳았다.

그렇다면 세계 인구의 0.2퍼센트에 불과한 이들이 아이비리그를 석권하고, 노벨상 수상의 30퍼센트를 차지하고, 억만장자의 40퍼센트를 차지하는 원동력은 어디에 있는가?

이들이야말로 노예로 살았고, 그것도 모자라 뿔뿔이 흩어져 유랑민으로 살았던 아픈 역사를 가지고 있다.

이들이 정착한 땅은 성경에서 나오는 '젖과 꿀이 흐르는 땅'과는 전혀 다른 모습을 하고 있다. 수도인 예루살렘만 하더라도 5월에서 9월까지 거의 비 한 방울 내리지 않다가 11월과 3월 사이에 한 달 평균 120밀리미터의 비가 올 뿐이다. 사해가 있는 네게브 사막이나 이스라엘 최남단 도시 에일랏은 한겨울에는 강수량이 10밀리미터도 되지 않을 정도로 물 부족이 심각하다.

한여름에는 평균 기온이 40도까지 올라가고 땅은 물이 전혀 스며들지 않는 석회암, 사암, 현무암으로 되어 있어 겨울철에 비가 내려도 땅속으로 스며들지 않는다. 이런 환경에서 어떻게 농사를 꿈꿀 수 있겠는가? 비가 와도 땅을 적시지 못하는 곳, 아무리 파도 우물을 만들기 힘든 이스라엘 땅!

그러나 그들은 좌절하지 않았다. 어디 나라 잃은 슬픔에 비하랴? 이스라엘 지형의 60퍼센트에 이르는 메마르고 광활한 사막의 환경을 극복하고 담수 시설을 짓고 물을 재생하여 사용하는 시설에 투자하였다. 사막 한가운데 스프링클러를 작동시켜 화훼와 기타 특용 작물로 농업 선진국을 이룬 이들의 모습도 결핍 에너지 외에 무엇으로 설명할 수 있을까?

뻔뻔한 '후츠파' 정신이 가능성을 키운다

이들은 사막에서 모피 코트를 팔고, 북극에서 냉장고를 팔 수 있는 '후츠파'라는 뻔뻔한 도전 정신이 있다. 워낙 이들에게는 무에서 유를 만들고 불가능을 가능케 한 DNA가 있었다. 자원이 없던 이들은 이 정신으로 사막에서 물고기를 기르고 척박한 땅에서 기른 농산물을 수출하며 생존하여 왔다.

'후츠파'는 원래 '뻔뻔, 무례, 철면피'를 뜻하는데, '용기, 배포, 도전성'을 뜻하는 말로 확장되었다. 유대인 특유의 도전 정신을 기르기 위해 유대인들은 형식과 권위에 얽매이지 않고 끊임없이 질문하고 도전하였으며 뻔뻔하게 자신의 주장을 펼쳐 왔다.

한마디로 토론과 질문을 활성화하는 것이다. 우리나라 부모들은 아이에게 '오늘은 학교에서 무엇을 배웠니?'라고 묻는다면 유대인 부모는 '오늘은 학교에서 무슨 질문을 했니?'라고 묻는다고 한다. 이는 학교라는 공동체에서 일방적으로 정보를 얻고 오는 것이 아니라 직접 호기심을 갖고 서로 의견을 공유하는 것을 교육의 핵심 가치로 삼는다는 것을 보여 주는 예라고 할 수 있다.

그렇다면 '후츠파'로 대변되는 이들의 결핍 에너지는 어떻게 길러지고 발산될까?

먼저 이들은 아이들에게 기존의 것을 그대로 답습시키지 않는다. 이들의 생존은 늘 변화하는 흐름 속에 서 있었기 때문이다. 그리고 아이들과의 수평적 관계를 위해 질문할 권리를 부여한다. 오늘날 이스라엘이 창의적이고 혁신적인 민족으로 평가받는 것도 끊임없이 묻고 대답하는 훈련의 결과다.

아픈 기억이지만 이스라엘 민족에게 있어 '나라를 잃고 전 세계에 흩어졌던 경험'은 어느 환경에서도 잘 적응하도록 만들었다. 새로운 환경에서 다른 문화와 잘 어울리고 그곳에서 뿌리를 내리는 생명력, 그럼에도 목표를 지향하고 끈질기게 노력하며 위험과 실패를 감수하고 학습하는 이들의 결핍 에너지는 찬사를 받을 만하다. 결국 이들은 결핍에서 정체성을 찾고 그 속에서 자신의 동력을 발견하였던 것이다. 그래서 결핍은 또 다른 희망과 용기일 수 있는 것이다.

독수리처럼 멀리 보고
물고기처럼 살피라

네 가지로부터 자유로운 회사

포프리(Fourfree)는 작은 회사다. 이들은 달걀을 팔고 두부를 만든다. 그런데 회사명을 보면 무언가 특별한 냄새가 난다.

포프리라는 이름은 '네 가지'와 '자유롭다'는 말을 합성하여 만든 것이다. 이들이 자유롭고자 했던 네 가지는 다음과 같다. 첫째 비유전자 조작 식품(NON-GMO)을 사용한다는 것, 둘째 항생제를 사용하지 않는다는 것, 셋째 비린내가 나지 않는다는 것, 넷째 바이러스와 세균의 유입을 용납하지 않겠다는 것이다. 이에 더해 최상의 신선도만 유지하여 소비자에게 공급하겠다는 당찬 의지를 가지고 설립된 회사다.

달걀 속에 항생제가 잔류한다는 기사나 썩은 달걀을 유통시켜 나라가 떠들썩했던 것을 보면 이들의 선택은 옳은 것 같다.

무엇이 이들에게 세계 1등 품질의 상품을 생산하겠다는 대찬 포부를 갖게 하였을까? 이들은 '한국 축산의 혁명'이라는 슬로건을 들고 기존 대기업과 더 나아가 글로벌 기업에 도전장을 던졌다. '유전자 조작 식품(GMO)의 대재앙'으로부터 벗어나기 위한 힘겨운 싸움을 선포한 것이다. 이들 홈페이지에 들어가 보면 다음과 같은 문구를 발견할 수 있다.

"한국 축산의 혁명이 지금 시작됩니다. 포프리니까 가능한 NON-GMO 100퍼센트 실현."

세계 제2의 유전자 조작 식품 수입국이 된 채 더 이상 이대로 국민 건강과 생명, 더 나아가 환경 생태계에 대한 위협을 방치할 수 없다는 의분이 느껴진다.

포프리 대표 김회수는 기이한 행동으로 유명한, 버진그룹의 리차드 브랜슨과 매우 닮은 구석이 많은 사람이다. 리차드 브랜슨은 '창조 경영의 아이콘'이자 세계경영컨설팅그룹 액센추어에서 '50대 경영의 리더'로 선정되었으며, 환경 문제에 적극 앞장서면서 〈타임〉지에서는 '지구를 구할 영웅'이라 했을 만큼 존경받는 CEO다.

한마디로 두 사람은 '상식과 통념'을 깨는 경영자다. 도발적이고 파격적인 그들만의 경영 원칙은 고정관념에 물든 기존 CEO에게 충격을 준다.

기본을 지키려는 진정성의 힘

그는 왜 'NON-GMO'라는 슬로건을 들고 나왔을까? 유전자 변형 곡물의 폐해를 들고 나와 소비자에게 알 권리를 돌려주고 먹을거리의 정의를 세운다는 것은 오늘의 현실에서 볼 때는 사실상 달걀로 바위 치기와도 같다.

"우리나라 축산물의 99.6퍼센트는 유전자 변형 곡물을 사용해서 생산됩니다. 물론 해외에서는 위해성 논란이 여전하고 심각한 피해를 줄 수 있다고 경고하는 반면, 다른 한쪽에서는 식량 부족 위기를 극복할 수 있는 유일한 대안이라고 항변합니다. 적어도 소비자에게 안전한 먹을거리를 제공하자는 것이 저의 사명이기에, 유전자가 조작(변형)된 농산물을 생산한다는 것은 용납될 수 없는 사안이었습니다."

그의 이러한 의지는 건강한 먹을거리를 원하는 사람이라면 누구나 공감하지만, 이것이 현실로 이루어지기는 어렵다. 닭이나 돼지는 백 퍼센트 옥수수나 콩 등의 사료로 키워지고 있으며, 현재 유통되는 사료의 대부분은 유전자 조작을 통해 생산된 것들이다. 포프리의 사명대로라면 사료를 생산하는 과정 즉, 농작물을 경작하는 전 과정을 관리해야 하는 일이었다.

포프리로서는 유전자를 조작하지 않은 원료를 확보하는 게 관건이었다. 정보를 수소문한 결과, 우리나라 모 회사가 러시아 연해주에서 해외 농업 개발을 위해 약 6년 전부터 수백억 원을 투자해 옥수수를 재배하고 있다는 사실을 알게 되었다. 러시아는 유전자 조작 농산물에 대해 엄격하게 통제하여 생산부터 유통까지 전부 관리하는 나라다.

이렇게 해서 이들은 러시아 연해주 농장에 위탁 재배를 하였고, 블라디보스토크 항구를 통해 곡물을 공수했다. 그리고 이 곡물로 사료를 만들기 때문에 포프리에서 키우는 닭과 돼지 등을 유전자 비조작 사료로 키울 수 있게 되었다.

하지만 가격이나 운송 여건을 따져 볼 때 러시아에서 곡물을 조달한다는 것은 상당히 부담스러운 일이었다. 상품을 공급하는 데 있어 단가를 무한정 올릴 수는 없는 노릇이었다.

그러나 이들은 '진정성 있는 마케팅의 힘'을 믿고 있었다. 주변의 모든 이들이 그렇게 순진하게 사업하다가는 곧 문을 닫을 것이라고 조언 아닌 조언을 했다고 한다. 그래도 포프리의 답은 하나였다.

"저희 달걀은 아침에 신문이 배달되듯 신선함 그대로 배달되어야 합니다. 저희가 생산하고 있는 두부도 최고로 엄선된 원료만을 사용해야 하고요. 이것은 고객과의 약속이고 반드시 저희가 되돌려 드려야 하는 의무입니다."

규모보다 차별성으로 승부하라

경영 전략의 대가인 하버드대학교의 마이클 포터 교수는 '세계 지식 포럼'에서 한국 기업에 대해 따끔한 충고와 더불어 '독창적 가치 제안'이라는 전략을 소개하였다.

그는 먼저 한국 기업은 더 이상 성장에 얽매이지 말고, 외국의 경쟁 기업에 대해 차별성을 가진 기업으로 구축하는 데 역량을 집중해야 하고, 이웃 일본처럼 모방의 오류를 벗어나 창조적인 전략을 수립해야 한다고 조언하였다. 아울러 창조적인 전략을 위해서는 경쟁의 본질을 이해하고, 독창성을 확보할 뿐 아니라 올바른 목표를 세워야 한다고 하였다.

마이클 포터 교수는 또한 공유 가치 창출, 즉 CSV(Creating Shared Value) 개념을 내놓았는데, CSV는 기업의 경제적인 가치 창출 활동과 사회 문제가 일체화되어 있다.

미국의 유통업체 홀푸드마켓은 그 지역 농부들이 생산한 농산물을 유통하고, 매장에 지역의 장애인이나 노인들을 고용하기도 한다. 이렇게 되면 홀푸드마켓을 이용하는 고객들은 자연스럽게 자신의 지역사회를 위해 활동하는 것이 되므로 해당 기업을 더 많이 이용하는 선순환 구조가 만들어진다.

이제는 이윤 창출 기능과 사회적 가치 창출의 역할을 긴밀히 연결하는 기업만이 고객에게 선택받는 시대로 경영 환경이 바뀌고 있는 것이다.

홀푸드마켓은 우리나라에는 잘 알려지지 않았지만 미국과 캐나다, 영국 등에 360여 개의 매장을 갖고 있는 슈퍼마켓 체인이다. 이 회사는 유기농 제품만을 전문으로 판매하면서 급성장해 대형 할

인점이 이끌던 유통업계의 판도를 바꾸고 있다.

홀푸드마켓은 2008년 금융 위기 이후 글로벌 경기 침체 속에서도 매년 10퍼센트 이상의 매출 신장을 기록하면서 미국의 유통업계뿐만 아니라 산업 전반에서 새로운 기업의 모델로 주목받고 있다.

홀푸드마켓은 안심하고 먹을 수 있는 자연 식품을 엄선해 소비자들에게 제공하고, 직원들과 지역 사회 구성원이 행복을 느낄 수 있도록 하는 것을 핵심 가치로 추구하는 회사다.

이 회사의 창업자이자 공동 CEO인 존 매키가 한 토론회에서 경제학자 밀턴 프리드먼과 벌인 논쟁은 기업에 대한 그의 생각을 잘 나타낸다.

경제학자 프리드먼은 "자본주의 사회에서 기업의 책임은 어디까지나 주주 이익의 극대화"라고 선을 그었다. 이에 매키는 "사람은 먹지 않으면 살 수 없고, 기업도 이익이 나지 않으면 존재할 수 없다. 하지만 사람은 먹기 위해 사는 것이 아니듯, 기업도 이익을 내기 위해서만 존재해서는 안 된다"고 반박했다. 고객 만족, 직원 행복, 지역 사회의 지지 없이 단기적 이윤만으로는 기업의 지속 성장이 불가능하다는 이유에서였다.

우리에게도 이제는 경제적인 측면뿐 아니라 사회적 가치가 있는 기업이 등장할 시점이 되지 않았는가? 아울러 전략적인 연속성을 가지고 멀리 보고 또한 세심히 살펴 가는 기업의 행진이 잘 준비되고 진행되어야 하지 않을까?

끝으로 포프리 김회수 대표의 안타까운 한마디가 귓가를 때린다.

"우리나라에서 중소기업이 자신만의 신념을 가지고, 더구나 정의로운 길을 가는 것은 생명을 내놓는 것과 다름없습니다. 하지만 저희는 그 길을 가려 합니다. 돈을 버는 일도 중요하지만 돈을 버는 가치는 더 중요하니까요."

상식을 뒤엎는
자포스의 무한 서비스

감동을 파는 신발 가게

자포스는 온라인 최대 신발 쇼핑몰이다. 지금은 신발은 물론 옷, 가방 등 잡화류로 확대되었지만 아직도 소비자들은 자포스라는 브랜드를 말하면 신발 가게로 기억한다.

《아마존은 왜? 최고가에 자포스를 인수했나》라는 책에 따르면, 자포스는 1999년 신발 전문 쇼핑몰로 출발해 10년 만인 2008년에 매출 10억 달러, 2013년 21억 달러를 돌파하였다. 재구매율은 75퍼센트, 순수 추천 고객 지수(NPS: Net Promoter Score)는 무려 90점에 달한다. 대외 성과만 좋은 것이 아니다. 2009년부터 2013년까지 5년 연속 〈포춘〉이 선정하는 일하기 좋은 100대 기업의 상위에 랭크되어 있다.

자포스는 단순한 신발이나 옷을 파는 회사가 아닌 '서비스 컴퍼니'라고 스스로를 부르며, '와우!'라는 탄성이 나올 만큼의 고객 서비스를 실행한다는 남다른 포부를 가지고 있다.

과연 어떤 서비스가 자포스를 기적의 온라인 쇼핑몰로 만들었으며, CEO의 어떤 철학이 이들을 격상시켰는가? 여기에는 하나의 미담이 있다.

한 여성 고객이 몸이 아픈 어머니를 위해서 인터넷 쇼핑몰 '자포스'에서 신발을 구입하였다. 그러나 안타깝게도 그녀의 어머니는 신발을 신어 보지 못하고 세상을 떠났다. 여러모로 경황이 없던 그녀에게 자포스에게서 이메일 한 통이 전달되는데, 그 내용은 신발을 구입해서 고맙다는 의례적인 인사와 함께 신발이 잘 맞는지, 마음에 드는지 묻고 있었다.

메일을 읽은 그녀는 슬픔에 젖은 채 답장을 보냈다. 아픈 어머니를 위해 자포스에서 신발을 구입하였는데, 안타깝게도 어머니가 신발을 신어 보지 못하고 세상을 뜨셨으며, 이 상품을 반품 처리해 주었으면 좋겠다는 내용이었다.

얼마 후 자포스에서 답장을 보내 왔다. '택배 직원을 보내 직접 반품 처리해 드리겠습니다. 걱정 마세요.' 자포스는 반품 처리는 물론 상실감에 젖어 있던 그녀에게 한 다발의 꽃과 위로 편지를 전달하였다. 이러한 감동의 서비스를 받은 그녀는 이 사연을 자신의 블로

그에 올렸다.

"감동을 받아 눈물이 멈추지 않아요. 지금까지 받아 본 친절 중에서 가장 감동적이었어요. 여러분이 만약 신발을 구입한다면 인터넷 쇼핑몰 '자포스'를 적극 추천합니다."

2007년의 일이었다. 이 블로그를 접한 네티즌들은 서로 소식을 퍼날랐고, 작은 쇼핑몰이었던 자포스를 순식간에 유명한 회사로 만들었다.

기업 문화가 기업을 살린다

자포스가 이렇게 성장하기까지 우리는 CEO 토니 셰이를 연구할 필요가 있다.

이미 아홉 살 때부터 사업을 시작한 사업 신동이었던 그는 스물네 살 때 친구와 공동 창립한 링크익스체인지를 2억 6,500만 달러(한화 3,200억 원)로 마이크로소프트사에 매각한다. 그 후 자포스의 전신인 '슈사이트'라는 회사의 창업자인 닉 스웬먼을 만난다.

'신어 보지 않고 온라인으로 신발을 사는 행위'는 그의 경험상 용납될 수 없는 상행위였다. 그럼에도 시장 자체는 검토할 가치가 있다고 판단한 그는 가능성을 위해 자료를 뒤지고 설문 조사를 하는 기존 방법에서 벗어나, 근처 신발 가게에 가서 신발 사진을 찍은 후 이를 웹사이트에 올렸다. 그리고 주문이 오면 실제로 구매하여 고객에게 보내 주었다. 시장성을 검증해 본 것이다.

"감동했다. 사람들이 인터넷으로 신발을 사기 시작한 것이다. 신발 시장에 대해 아는 것이 없었지만, 뭔가 재미있는 것을 발견했다고 생각했다. …… 나는 생각을 멈추고 이제, 이게 제대로 되도록 만들어야 했다."

처음에는 조언만 하던 토니는 자포스에 직접 투자자로 합류하여 CEO 자리에 올랐다. 그가 사업을 하면서 깨달은 것은 '기업이 고유의 문화를 가지는 것이 얼마나 중요한가'였다. 그는 자포스에 취임하자마자 100여 명의 직원과 1년여의 기간 동안 자포스만의 기업 문화를 만들어 나갔다. 그 가치 중에는 고객에게 대대적인 할인이나 판촉 이벤트와 같은 물질적 보상이 아니더라도 서비스 만족이라는 경험을 통해 다른 사람들이 '와우!'라는 감탄사를 내뱉을 정도로 감동을 주자는 것이었다.

아울러 지속적으로 자신에게 도전하고 밀어붙이는 것과, 일을 재미있게 만들기 위해 무엇을 해야 하는지, 동료들을 왜 즐겁게 해야 하는지 생각하고, 진정으로 자신과 회사의 성취와 나아가 관계사(공급업자)를 평등하게 존중해야 함을 되새기고 있다.

이 밖에 변화를 적극 수용하고 추진한다거나 모험적이고 독창적이며 열린 마음을 유지하는 문화, 긍정적이고 가족적이며, 열정적이고 결연한 태도로 임하는 문화, 좀 더 적은 자원으로 좀 더 많은 성과를 낼 수 있도록 최선을 다하는 기업 문화를 조성해 이를 대내외에 천명하였다.

자포스의 고객 서비스 원칙

이런 핵심 가치를 선포한 이후 무일푼에 불과했던 자포스는 1조 원이 넘는 글로벌 기업으로 급성장하였는데, 그 중심에는 '상식을 뒤엎는 고객 서비스'가 있었다. 과연 어떤 형태의 서비스가 실행되었는지, 자포스의 고객 서비스의 원칙은 무엇인지 살펴보도록 하자.

첫째, 고객 서비스를 일개 부서가 아닌 회사 전체의 최우선 과제로 삼는다. 고객 서비스의 태도는 상부에서 비롯되어야 한다. '고객 중심'이라는 말은 통상 관련 부서와 CEO에 국한된 것으로 아는데, 이것이 비즈니스와 기업의 근간이라 생각하면 전사적 지원은 당연한 일이다.

둘째, 고객 상담원에게 권한을 주고 신뢰하라. 대부분의 기업이 상담원을 외주에 맡기거나 계약직 직원을 쓰는 데 반해 자포스는 모든 인력을 직접 고용하여 운영하고 있다. 아울러 이들에게 통화 시간을 제한하거나 다른 상품을 권유하도록 하지 않으며, 스크립터를 앵무새처럼 읽는 행위도 강요하지 않는다. 자포스에서는 고객과 상담원이 단순히 콜을 받고 처리하는 관계가 아니라, 인간적이고 감정적 연대감을 느끼는 관계라고 정의하는 것이다.

셋째, 고객과의 전화는 고객 서비스 브랜드를 구축하는 데 필요한 투자다. 고객의 콜을 잘 응대하는 것은 비용이 아니라 마케팅을 투자하는 것으로 인식하는 자포스에서는 고객이 만족할 때까지 고객과의 통화를 제약 없이 이어갈 수 있는데, 심지어 어떤 경우에는 고객과의 통화가 6시간이 넘어가는 일도 있다고 한다. 감동 서비스를 받은 고객은 입소문을 내는 마케터를 자처하게 되고, 충성도를 넘어 지원 고객이 된다.

마지막으로 회사 전체가 훌륭한 서비스를 기념하기 위해 소위 '와우' 경험담을 전 직원과 공유한다. 자포스는 고객, 직원, 공급업체에게 우선적으로 훌륭한 서비스를 제공한다. 그리고 고객이 감동으로 '와우'라고 표현할 놀라운 서비스를 제공한 경우 이 케이스를 공유하고 축하해 준다.

'와우' 사례 중 두 가지를 소개해 본다.

> 밤늦게 호텔에 도착하여 룸서비스를 요청하였는데 시간이 너무 늦고 주변 식당도 문이 닫혔다. 그는 자포스 상담원을 통해 배달이 가능한 피자 가게 전화번호를 알아냈다. '와우!'

> 한 고객이 자신의 손목이 유난히 두꺼워 원하는 브랜드의 모델은 해당 사이즈가 없다고 아쉬워하면서 자신의 손목에 맞는 다른 시계 모델을 요구하였는데, 담당 직원이 해당 모델의 그 사이즈를 판매하는 곳을 찾아 고객에게 전달하여 고객이 감동하였다고 한다. '와우!'

2009년 7월, 세계적인 기업 아마존에서 자포스를 인수하였는데 그 인수 가치는 단 한 가지, 자포스의 기업 문화와 가치관, 그리고 감동 서비스였다.

현재 자포스의 차별적인 경쟁력은 24시간 콜센터 운영과 무료 배송, 무료 반품이다. 특히 콜센터 직원에게 제한된 통화 시간이나 대응 매뉴얼을 강요하지 않으며 직원 판단에 따라 고객별로 맞춤화된 서비스를 응대하도록 한다는 것, 아울러 자사에 없는 물건을 찾는 고객에게는 최소 3곳의 타사 사이트를 체크하여 알려 주는 서비스는 자포스가 결코 눈앞의 이익만을 계산하지 않는다는 예다.

이 밖에 17개의 필수 업무 능력 중 스스로 목표를 세우고 한 가지씩 마스터할 때마다 월급이 올라가는 직원 존중의 문화와, 가능한 한 365일 24시간 연중무휴의 익일배송(미국 내 대부분의 쇼핑몰의 배송기간은 5~7일)의 물류 전략은 그들이 주장하는 서비스 컴퍼니의 실상을 체험하게 한다.

이러한 기업 문화의 혜택을 받은 자포스의 직원들은 행복하고, 자신들도 고객에게 행복을 배달한다고 생각한다. 고객과 직원이 '와우' 감동을 공유하는 것으로 서비스 컴퍼니의 경쟁력을 키운 결핍 에너지가 놀랍다.

궁상맞은 아이디어를
최고의 자산으로 만들라

자부심이 만들어 낸 투철한 직업의식

전 세계 54개국에서 매주 1억 8,000명이나 시청하여 기네스북에 오른 "행운의 바퀴 *Wheel of Fortune*"라는 미국 TV 프로그램이 있다. 이 프로그램은 무려 30년 동안 지속되고 있는데, 남자 진행자 팻 세이작과 진행을 돕는 여자 베너 화이트는 1975년 이후 한 번도 바뀐 적이 없다고 한다.

특히 베너 화이트의 경우 프로그램에서 하는 역할이란 고작 알파벳 판을 자기 손으로 넘기는 '매우 단순한' 일이다. 그녀는 26세에 처음 이 일을 시작하여 55세가 될 때까지 이 단순하고 지루한 일을 무려 30년 이상 계속했다. 그런데 누군가 그녀에 대해 이렇게 썼다.

"그녀의 직업의식은 투철하다. 1957년생인 그녀는, 방송 출연 25년이 지난 지금에도 20대도 놀랄 만한 몸매를 유지하면서 자기 자신에 대한 자부심과 자긍심을 갖고 그 일을 해 왔다."

우리나라의 경우 인기 장수 오락 프로그램의 여성 진행자가 25년 동안 20명이나 바뀐 것과 대비되는 일이다.

우리는 당신의 취향을 알고 있다

리츠칼튼 직원들의 주머니 속에 있는 크레도 카드에는 '고객에게 진심 어린 환대와 쾌적함을 제공하는 것이 가장 중요한 사명이다'라거나 '신사숙녀에게 봉사하는 우리 직원들도 신사숙녀'라는 문구가 적혀 있다. 이는 직원들로 하여금 전문적인 서비스맨의 감성과 교양을 이끌어 내고 고객과 같은 눈높이에서 적극적으로 소통하도록 하자는 의도가 숨겨져 있다.

이들은 기업 모토를 실현하기 위하여 고객들의 취향을 기록하여 관리하는데, 고객 카드에는 미주알고주알 고객에 관한 사소한 정보가 적혀 있고, 내부적으로 취득한 정보를 직원 간에 공유한다. 예를 들면 하우스키핑 담당자는 객실에 들어섰을 때 고객이 베개를 사용하는 습관이 어떤지, 어떤 차를 마셨는지, 시계는 어디에 두는지 등을 체크해 고객의 습관을 메모해 둔다는 것이다.

이런 정보는 고객의 이력 조회 시스템에 기록되어 고객이 재방문했을 때 서비스에 반영된다고 한다. 더욱 놀라운 사실은 해외의 리츠칼튼 체인에도 고객 정보가 공유되어, 고객이 다른 도시를 방문할 때에도 예외 없이 최고의 서비스를 받을 수 있다.

고객 만족? 고객에게 물어봐

1990년 중반, 미국의 에이비스 렌터카는 경쟁사인 허츠에 비해 고객 만족도가 지속적 하락하고 있었다. 에이비스는 고객 만족도를 올리기 위해 자동차를 렌트하는 과정을 100단계로 구분하고 단계별로 고객의 경험을 면밀히 분석하였다.

이들이 발견한 문제점은 고객들이 렌트를 하기 위해 대기하는 시간이 길다는 사실과, 심지어 렌터카를 반납할 때 비행기 시간에 심한 압박감을 느낀다는 사실이었다.

이에 에이비스는 차를 반환하는 입구에 비행기 출발 시각표를 알려 주는 모니터를 설치하였고, 공항 내 렌터카 신청 코너까지 가지 않고도 차를 즉시 배정받을 수 있도록 배려하였다. 이런 노력이 주효했는지 에이비스는 1990년대 후반 고객 만족 조사에서 업계 1위로 등극하였다.

팔꿈치로 슬쩍 찌르기만 해도

팔꿈치로 슬쩍 찌르는 것을 '넛지'라고 한다. 직접적으로 명령을 하거나 지시를 내리지 않고도 소기의 목적을 이루는 방법이다. 예를 들어 남아프리카공화국의 비영리단체 '블리키스도르프포호프'는 웨스턴케이프의 무허가 거주 지역인 블리키스도르프에서 질병에 취약한 아이들에게 '손 씻기 운동'을 벌였는데 그 아이디어가 탁월하다.

이들은 아이들이 좋아하는 장난감을 속이 훤히 들여다보이는 비누 속에 넣고 나누어 주었다고 한다. 일명 희망 비누(Hope Soap)를 받아든 아이들은 비누 속 장난감을 얻기 위해 틈만 나면 손을 씻었고, 장티푸스, 콜레라, 폐렴 같은 질병 발생률을 현저히 줄였다고 한다.

이와 유사한 방법으로 치약 회사 '콜게이트'는 어린이들의 건강한 치아 관리를 유도하기 위해 소비자들에게 사탕이나 아이스크림 같은 단 음식을 나누어 주었다. 이 음식을 다 먹고 나면 칫솔 모양의 막대가 남았고, 이 막대에는 '잊지 마!'라는 문구와 회사 로고가 새겨져 있었다.

이 밖에 미국에서는 과속으로 인한 교통사고 발생률이 높은 도로에 '미인 많음, 서행하세요'라는 표지판을 세워 교통사고 발생률을 절반 이상 낮춘 사례가 있고, 급식 식당에서는 몸에 좋은 과일을 눈에 띄는 위치에 배려해 정크푸드의 소비량을 줄이고 과일의 소비량을 늘린 경우도 있다.

성공의 로드맵,
지혜에게 길을 묻다

《좋은 기업을 넘어 위대한 기업으로》나《성공하는 기업들의 8가지 습관》의 저자이자 세계적인 경영학 리더인 짐 콜린스는 역사상 좋은 성과를 올린 11개 기업 중 8곳이 망하는 것을 보고 충격을 받았다. 이에 대해 그는 강하고 성공한 기업들이 왜 몰락하는지, 미리 감지하고 피할 방법은 없는지 5년여에 걸쳐 연구를 거듭하였다. 이를 위해 통틀어 6000년에 해당하는 기업 역사를 조사 분석하였는데, 그 분량이 2,000페이지의 인터뷰와 3.8억 바이트의 데이터라고 한다.

그는 위대한 기업의 몰락 과정을 '몰락의 5단계'로 설명한다.

몰락 1단계: 성공이 주는 자만심에 취한다

1990년대 중반, 단 10년 만에 연 매출이 50억 달러에서 270억 달러로 급증하면서 모토로라의 경영진은 자만했다. 1995년 휴대전화 단말기 '스타텍'을 만들었을 때 경영진은 판매사들에게 단독 전시 공간을 만들 것을 요구하는 등의 과한 횡포를 부렸다. 판매사들은 반발했고, 이에 50퍼센트에 이르던 시장 점유율은 17퍼센트로 추락했고 주가는 반 토막이 나 버렸다.

영국의 '테크노폰'을 인수하여 휴대전화 시장에 뛰어든 노키아는 '제품의 디지털화'와 '판매의 글로벌화'로 빠르게 시장을 장악해 나갔다. 휴대전화 시장에 진출한 지 10년 만인 2000년에는 점유율 40퍼센트대에 올라섰고 2007년에는 독보적인 1위에 올라섰다. 그들의 CEO였던 칼라스부오는 '오직 노키아가 표준'이라는 말로 아이폰의 등장을 폄하했으나, 불행하게도 1년 뒤 아이폰이 스마트폰의 표준이 된다.

몰락 2단계: 원칙 없이 더 욕심을 낸다

1950년대 후반, 이름 없는 작은 회사가 '소도시와 농촌에 기반을 둔 대형 할인점'을 시작했다. 운 좋게 이 회사는 소도시 상점을 섬멸하며 급성장하여 급기야 미국 대형 마트의 선두에 있던 K-마트와 전면 대결하게 되었다. 1970년대부터 15년간 이 회사 주식은 무려 6,000배나 올랐다. 이 회사의 이름은 에임스할인점이다.

월마트보다 4년 앞서 미국 동북부를 중심으로 급성장세를 보이던 에임스할인점은 아쉽게도 2000년 파산하고 말았다. 그 이유는 성장 위주의 무분별한 전략 때문이었다. 1988년, 1년 안에 회사 규모를 2배로 늘린다는 목표 아래 자이레백화점을 인수하였는데, 이것이 패착이었다. 매출은 늘었지만 30년간 구축해 온 정체성이 흔들리기 시작한 것이다. 하룻밤 사이에 농촌 지역의 할인점에서 도시 지역의 유력한 유통업체로 전환하면서 저가 정책을 버려야 했다.

기업을 운영하다 보면 '전진하느냐, 후퇴하느냐'를 판가름할 중요 변곡점에 마주하게 된다. 앞서 거론한 대로 '스마트폰 시대의 등장'에 회의적인 시각을 갖고 있던 노키아 경영진은 오히려 피처폰 생산에 열을 올렸다. 이전까지 노키아의 고객층은 휴대전화를 처음 사용하는 저소득층이었다. 노키아가 20년 가까이 놀라운 수요를 창출했던 것은 이들 덕분이라 해도 과언이 아니다.

그러나 놀랍게도 이후 이들은 '별 기능이 없는 저렴한' 노키아를 외면하고 스마트폰을 선택하였다. 이어 피처폰 판매는 급감했고 불과 1~2년 뒤 노키아는 엄청난 재고 부담을 떠안았다.

노키아도 스마트폰을 생산하기는 했다. 피처폰의 점유율을 그대로 이어 받아 2009년까지 40퍼센트 전후의 시장 점유율을 차지했다.

이때만 하더라도 노키아가 혁신할 시간적 여유가 있었다. 그러나 그들은 이 골든타임을 놓치고 말았다. 통화가 핵심인 피처폰과 달리, 스마트폰의 성공은 다양한 기능에 있음을 간과하였다. 아이폰에 비해 노키아의 스마트폰은 너무 단순했다. 훗날 애플의 대항마로 성장할 안드로이드를 몰라보고 독자적인 운영체제 '신비안'을 고집한 것도 패착의 원인이었다. 불과 2년 뒤 노키아의 스마트폰 판매량은 반토막이 된다.

몰락 3단계: 위험과 위기 가능성을 부정한다

모토로라의 2세 경영자 로버트 갤빈은 1991년 세계 어느 곳에서도 전화 연결이 가능하도록 하겠다는 '이리듐 프로젝트'를 시작하였다. 이는 여러 개의 통신 위성을 저궤도에 쏘아 올려, 휴대용 전화로 통신 및 데이터를 주고받는 시스템이다. 모토로라는 위성 시스템 초기 모델에 막대한 자금을 투입하였다. 1996년 투자금은 5억 3,700만 달러였고, 5,000만 달러는 채무 보증을 받았다. 그들이 투자한 자금은 1996년 모토로라의 전체 수익을 넘는 액수였다.

이리듐 전화에는 치명적인 결함이 있었다. 먼저 단말기 크기가 거의 벽돌 크기였고, 위성과 직접 교신할 수 있는 야외에서만 가능했다. 단말기 가격만 3,000달러, 통화료는 분당 3~7달러였다. 하지만 모토로라는 위기의 가능성을 인정하지 않았다.

그 사이 일반 휴대전화의 서비스망이 지구촌 전 지역을 커버하여 이리듐의 매력을 떨어뜨렸다. 그러나 끝까지 이리듐에 대한 미련을 버리지 못한 모토로라는 1999년 20억 달러의 적자를 냈다.

몰락 4단계: 구원을 찾아 헤맨다

노키아가 '단순한 스마트폰'에 집착할 때 경쟁사의 제품은 발전에 발전을 거듭했고 사용자들도 개발의 속도와 행보를 같이 했다. 위기에서 자신들을 건져 줄 곳을 찾던 노키아는 마이크로소프트사에게 손을 내밀었다.

그러나 마이크로소프트사는 노키아의 구원자가 될 수 없었다. 컴퓨터나 소프트웨어 시장에서는 독보적이었지만 스마트폰 시장에서는 전혀 그렇지 않았다. 한마디로 하드웨어의 약자인 노키아와 스마트폰 시장에서의 약자인 마이크로소프트사가 손을 잡은 것이다.

몰락 5단계: 유명무실해지거나 생명이 끝난다

그 뒤 노키아의 운명은 어떻게 되었을까? 짐 콜린스는 기업의 몰락 마지막 단계에서는 유명무실해지거나 역사의 뒤안길로 사라진다고 경고한다. 노키아, 모토로라가 그랬다. 노키아는 영양가 없는 만남으로, 제휴를 통해 반전을 노렸던 희망은 처참히 실패로 끝났다. 이후 노키아는 적자를 감당하지 못하고 흔들렸고 결국 스마트폰 시장에서 퇴출당하는 굴욕을 당해야 했다.

모토로라는 1996년 '스타텍'에 이어 2004년 '레이저'를 1억 4,000만 대 판매하며 히트시켰지만, 이후 적절한 대응책을 내놓지 못하다가 2011년 구글에 매각되었고, 2년 뒤 다시 중국 레노버에 29억 달러에 매각되고 만다.

롱런할 거라 착각하지 말라

경영의 역사는 우리에게 '너희 위치가 롱런할 거라 착각하지 말라' '새로운 패러다임을 무시하거나 자기 파괴를 등한시 말라'라고 충고한다.

아래 CEO의 말을 되새겨 보자.

"흥미롭네, 아주 잘했어. 그런데 이것 말고도 돈 벌 일이 많으니 다른 일을 하게."(필름 산업의 대명사인 코닥의 CEO가 1975년 디지털카메라를 개발한 기술자에게 한 말)

"이봐, 우리에게는 4,600만 명의 아날로그 소비자가 있는데 뭐가 걱정인가?"(모토로라의 시장 선점은 계속될 것이라며 모토로라의 CEO가 한 말)

"시장조사를 하지 말라. 시장조사는 과거의 산물일 뿐이다."(닌텐도 야마우치 회장)

'관계'라는 아주 단순한 전략

"우리가 아침에 일어나는 까닭은 고객의 재무적 필요를 충족시켜 주는 데 있다."

마케팅 교재에나 적혀 있을 법한 이 문구는 미국 은행 역대 시가 총액 1위인 웰스파고의 비전이다. 이것만으로는 별다른 비전이 보이지 않는데, 이 은행은 2013년 당기순이익에서 JP모건을 제치고 1위에 올랐으며, 총 자산 이익률에서도 미국 경쟁 은행의 두 배를 능가하고 있다.

웰스파고의 핵심 전략은 가계당 6.16개의 상품을 교차 판매하는 것인데, 이를 테면 계좌 잔액을 조회하러 온 고객이 모기지 대출을 받고, 신용카드를 만들게 하는 것이다.

어떻게 이런 전략이 실행될 수 있을까? 정답은 앞서간 시스템도 아니요, 거대 비용이 투입된 마케팅 전략도 아니다.

그들은 매출 기반을 기존 고객에게서 찾고 있는데, 새로운 수익의 80퍼센트가 그들에게서 발생된다는 것이다. 따라서 이들은 기존 고객과의 돈독한 관계를 제일의 전략으로 꼽는다. 어떻게 보면 답답하고 고루한 방법일 것 같지만 그렇지 않다.

웰스파고는 '고객들의 재무적 욕구를 충족'시키고, '고객들이 재무적으로 성공'할 수 있도록 고객과의 평생 관계를 유지하고자 한다. 그래서 웰스파고는 내적 고객(직원)과 외적 고객을 누구보다 중요하게 인식한다.

따라서 웰스파고는 직원을 회사의 자원으로 인식하고, 고객은 웰스파고에 대한 신뢰를 바탕으로 거래한다. 직원들은 스스로 리더라고 생각하고 주체적으로 고객에게 재무 상품을 제안하고, 고객의 입장에서는 웰스파고가 자신의 재무적 욕구에 맞는 상품과 기술을 만들어 낼 것을 신뢰한다.

'우리는 함께, 점차 성장할 것이다(Together We'll go far)'라는 웰스 파고의 슬로건은, 비록 사람과 사람의 관계라는 단순한 전략이라도 그것이 다른 무엇보다 위력적이라는 점을 우리에게 예시하고 있다.

이기려면 스피드,
고삐를 죄라

칭기즈칸의 위대한 전략, 스피드

초원에 흩어져 조그마한 씨족에 불과했던 몽골이 칭기즈칸에 의해 나라가 세워지고 최강의 군대가 되어 세계를 정복한 역사적 사건은 지금도 높게 평가되고 있다. 칭기즈칸은 어떻게 중국, 이슬람, 유럽 문명을 굴복시키고 동서양을 아우르는 전무후무한 최대의 제국을 완성했을까?

잠들어 있던 이 인물을 현대 경영의 롤모델로 부각시킨 것은 〈워싱턴포스트〉〈뉴욕타임즈〉〈포춘〉 및 〈타임〉지였다. 이들이 칭기즈칸을 '밀레니엄맨'으로 선정한 이유는 서로 고립된 지구상의 물자와 과학기술, 그리고 정보와 사람을 빠른 속도로 연결하여 세계를 작게 만들었다는 이유였다. 좀 더 부연하면 도전적이고 혁신적인 사고 위에, 속도전과 정보전을 가능하게 하였다는 것이다.

칭기즈칸이 뛰어난 정보력과 스피드로 막강한 서양 군대를 물리쳤듯, 21세기 글로벌 기업의 혁신의 중심도 '스피드'에 있다.

GE의 스피드 경영

GE그룹은 인터넷과 인공위성을 활용한 스피드 경영을 펼치고 있다. 이를테면 GE는 소프트웨어 생산의 3분의 1을 인도 기업과의 협력으로 해결하고 있는데, 이는 추후 3분의 2까지 확대될 예정이라고 한다. 이처럼 시공을 초월한 IT 생산 시스템에 의해 제작 비용 절감 및 시장 변화에 따른 리스크를 줄여 나간다.

인도의 경우 소프트웨어 종사자가 많고, 노동 비용은 미국보다 대단히 저렴하여 GE의 중심 기지로 부상할 전망이다. 더불어 IT에 대한 발빠른 대응력은 과거 폐쇄적인 자재 조달 시스템을 개방형으로 바꾸어 그 효용성을 높이고 있다.

사이슌칸제약소, 2300명 자리에 칸막이 없앤 이유

일본의 구마모토현에 있는 사이슌칸제약소는 한방화장품을 판매하는 회사로 일본 스킨케어 부문에서 10위를 기록하고 있다. 과거 강매에 가까운 영업 방식으로 고객에게 외면당했던 이 회사는 획기적인 변신을 통해 고객으로부터 사랑받게 된 사례다.

특히 이 회사가 유명해진 것은 농구장 10개 정도의 넓이인 4,500 평방미터의 사무실 때문이다. 2,300명이 일할 수 있는 이 거대한 사무실에는 공간을 나누는 벽도 없고 회의실이나 부서별 고정 자리도 없다. 이 구조가 사이순칸의 스피드 경영을 가능하게 했다.

회의가 필요하면 관계자들이 가까운 자리에 모여서 진행하고, 개방된 공간에서 회의를 하다 보니 관리자들은 회의 안건과 분위기를 실시간으로 파악할 수 있다. 회의 내용이나 목적 등에 대해 상부에 간단히 문의할 사항은 양식에 의한 보고가 아닌 직접 대면하여 즉시 답변을 받을 수 있어 의사전달 속도가 매우 빠르다.

하나의 개방된 공간에서 사원들과 수평적인 관계를 형성하여, 열린 제안 방식을 도입하고 서로 협력할 수 있는 환경을 조성함으로써 원활한 커뮤니케이션과 신속한 결정을 내릴 수 있게 하였다.

생각이 빠른 유니클로

유니클로의 야나이 사장은 고객의 요구를 신속히 파악하여 상품으로 제조한 후 빠른 속도로 판매하겠다는 의지를 가지고 '패스트 패션'을 만들었다. 아무리 디자인 감각이 좋고 비즈니스에 대한 이해가 높아도 디자인 속도가 느리면 소비자에게 인정받기 힘들고, 좋은 디자인을 만들어도 시장의 타이밍을 놓치면 판매 기회를 잡기 어렵다는 것이 그의 지론이다.

1998년, 그는 공급망 관리를 재구축한다는 목표를 세웠다. 기획부터 소재 조달, 생산, 물류, 재고, 판매라는 상품의 전반적인 흐름을 유기적으로 묶는 것으로, 이를 위해 유니클로는 컴퓨터와 인터넷을 활용하여 정보화 시스템을 구축하였다.

그렇다면 오늘날 유니클로를 성공으로 이끌었던 '스피드 경영'의 본질은 무엇일까?

첫째, 빠르게 판매한다. 유니클로는 기획에서 생산, 판매에 이르기까지 모든 과정을 직접 맡아서 소비자의 요구에 맞는 제품을 시장에 출시한다. 이러한 출시 속도에서 '패스트 패션'이라는 신조어가 만들어진 것이다.

둘째, 회의가 빠르다. '약속을 했으면, 그 전에 미리 완료하는 실행 마인드를 습관화하라'는 것이 유니클로 경영 철학이다. 이를 행동으로 옮기기 위해서는 약속 시간보다 5분 일찍 시작하고 10분 정도 빨리 마쳐야 한다. 오고 가는 다른 직원들도 회의 내용을 짐작해서 일에 대한 자극과 회사의 역동성을 함께 공유할 수 있다.

마지막으로, 생각이 빠르다. 야나이 사장은 '스피드'야말로 비즈니스의 성패를 가름하는 핵심이라고 생각했다. 그리고 이를 구현하기 위해서는 스스로 생각하는 힘을 기르는 것이 중요하다고 보았다. 그는 직원들에게 현실을 파악하는 머리, 다음 시즌을 생각하는 머리, 다음 시즌에 필요한 것이 무엇일까 생각하는 능력, 그리고 1년 후를 생각하는 능력을 검증하였다. 이러한 시간에 대한 생각이 동시에 이루어져야 '빠름'이 가능해진다고 생각한 것이다. 그의 철학은 영업

부, 기획이나 설계부, 고객 응대나 서비스 부서 측면에서 각각 시뮬레이션되었고, 현실화되었다.

취약점을 스피드로 채우라

우리 경제를 일으킨 DNA에도 '빠름'이 존재한다. 일례로 삼성전자는 짧은 시간 안에 신제품을 개발하는 능력과 뛰어난 생산 프로세스 기술을 가지고 있다. 선진국에서 2년 내지 3년이 걸린다는 반도체 공장 건설을 단 6개월 만에 완성하였고, 한 분기에도 휴대폰 신모델을 수십 종씩 쏟아 낸다. 현대자동차도 단시일에 자동차의 품질과 디자인을 끌어올렸다.

그런데 이런 '빠름'을 지금은 자산 독점의 대기업보다 상황 독점에 치중하는 강소기업이 선점하고 있다. GE처럼 시대적 메가트렌드를 이용해 스피드 엔진을 달거나, 유니클로처럼 유통 구조를 바꾸어 앞서 감으로 취약했던 부분을 스피드로 채우는 것이 중요해졌다. 앞서 예로 들었던 것처럼 자라가 RFID 태그를 부착하겠다고 선언한 것도 사물 인터넷을 통해 경영에 속도를 내겠다는 의지를 보인 것으로, 변화 속에 유일한 생존 전략은 스피드라는 것을 감지하고 있다는 반증이다.

결핍을 예측하는
시나리오를 만들라

위기 상황을 예측하고 대비한 로열더치셸

경영학자들은 로열더치셸을 탁월한 위기 관리와 끊임없는 혁신의 대명사로 부르기를 주저하지 않는다.

네덜란드의 석유 회사인 로열더치와 영국의 운송 무역 회사인 셸이 합병해 탄생한 석유 회사 로열더치셸은 초창기부터 글로벌 정책을 추진했다.

1908년 록펠러의 스탠더드 오일이 장악하고 있던 미국 시장에 과감하게 진출한 것을 시작으로, 1910년에는 러시아, 1911년에는 이집트, 1913년에는 베네수엘라 등으로 영역을 넓혀 갔다. 그리고 1919년, 세계 최초로 대서양 무착륙 횡단 비행에 성공한 존 앨콕과 아서

브라운이 비행시 이 회사의 항공유를 사용했다는 사실이 알려지면서 그 명성은 더욱 올라갔다.

하지만 이들이 글로벌 기업이 되기까지 순탄한 길만 걸어온 것은 아니었다. 100년이 넘는 역사 속에서 두 차례의 세계대전과 1930년대의 대공황, 1970년대 오일쇼크 등을 거쳐야 했다. 더구나 이 시기에 회사의 주요 자산이 동결되는 등 힘든 상황도 있었다.

하지만 이러한 상황 속에서도 아프리카와 남미 지역에서 석유 탐사 활동을 전개하는 등 사업 확장 전략을 멈추지 않았고, 1953년에는 네덜란드 기업으로는 최초로 컴퓨터를 사용하는 등 신기술 도입에 적극적이었으며, 발생 가능한 위기 상황과 경영 환경을 미리 예측하고 대비하는 시나리오 경영에 주력했다. 이런 위기 관리로 로열더치셸은 1970년대 석유수출기구(OPEC) 설립과 오일쇼크를 예측해 대비함으로써 이후 업계의 상위권으로 진출했다.

더불어 미래의 신성장 동력에 능동적으로 투자하는 데도 주저하지 않았다. 천연가스 부문을 육성할 목적으로 천연가스 탐사 기업을 인수하는 등 발 빠르게 나섰으며, 연구개발 예산 가운데 4분의 1을 풍력과 바이오 연료 등 재생에너지에 투입했다.

성장만큼 중요한 위기 대응 전략

이상이 우리에게 알려진 로열더치셸의 정보요, 평가다. 그런데 우리는 로열더치셸이 위기에 대해 어떻게 대응했는지에 대해서는 잘 모른다. 사실 이들에게는 40여 년간 일관되게 진행해 온 시나리오 경영 기법이 있다. 즉, 어디로 튈지 모르는 불확실한 상황에서 미래에 닥칠 몇 가지 큰 방향을 그려 보는 것인데, 기술의 급격한 변화, 글로벌 금융 위기, 세계화의 진전 등으로 최근 각광받고 있는 기법 중 하나다.

로열더치셸은 1970년에 시나리오 분석을 통해 두 차례의 오일 쇼크를 예측하고 이에 성공적으로 대응하였다. 이후 전쟁, 천재지변, 정치적 요소, 사회적 격변 등 다양한 외부 요소에 영향을 받는 산업에서 의사 결정력의 효용성을 높이는 핵심 요소로 시나리오 기법이 부상했다.

1970년대에 셸의 일부 경영진은 미래의 불확실성에 대해 불안감을 느끼면서 장차 사업에 악영향을 미칠 만한 요인이 무엇인지 궁금해했다. 그래서 1971년 피에르 왁이라는 미래학자의 주도로 시나리오 분석팀이 만들어졌다. 이들은 미래 전망 기법을 도입해 앞으로 일어날 수 있는 다양한 방향에 대해 몇 가지 시나리오를 내놓기 시작했다.

한 예로 1970년대 초에 나왔던 한 가지 시나리오는 에너지 산업이 직면할 수 있는 가장 큰 도전 과제 중의 하나, 에너지 공급에 차질을 빚는 상황을 제시하였다. 그 원인 중의 하나로 중동의 불안정한 정세를 지목하였는데, 놀랍게도 1973년 중동전쟁이 발발하게 된다. 시나리오를 통해 이를 심각하게 받아들이고 준비한 로열더치셸은 위기를 극복하였고, 경쟁사는 늪에 빠지는 일이 발생하였다. 시나리오 경영 기법은 1990년대 반세계화 움직임과 2000년대 유가 상승 가능성도 정확히 예측하였다.

당신의 시나리오를 만들라

이들은 오늘도 에너지 시나리오를 짜고 있다. 향후 인구가 증가하고 경제가 발전하면서 에너지 소비도 지속적으로 늘 것인데, 이로 인해 에너지 수급 불균형을 이룰 것이라고 예측하였다.

결론적으로 미래에 벌어질 상황을 현재에 대입하여 이에 맞는 대안을 준비해 보는 이 작업은 돌발 상황이 닥치더라도 미리 예상한 범주에 안착하고 대응할 수 있다는 점에서 우리 기업에게도 권장할 만하다.

더불어 개인에게도 시나리오는 존재한다. 미래가 불확실할수록 사람들은 예측에 기대지만 실제로는 시나리오에 기대는 것이 더 효과적이다. 왜냐하면 예측은 미래를 규명하는 한편, 시나리오는 미래를 정확하게 예측하는 것은 불가능하다는 전제에서 출발하며 서로 다른 미래의 시나리오를 찾아 탐색하는 대응책을 요구하기 때문이다.

로열더치쉘이 시나리오 경영 기법을 도입하게 된 계기는 재난과 더불어 생존한 기업에 대한 연구에 있었다. 이들은 1960년대에 75년 이상 생존한 기업들을 검토했는데, 장수하는 기업 중에서 우량 기업인 30개 업체는 재난을 정확하게 예측하지는 못했지만 재난 발생 가능성을 경쟁자보다 먼저 알아차리고 대처하였다는 사실을 알게 되었다. 로열더치셸은 여기서 착안하여 재난을 가정하고 역으로 시나리오를 만들어 나가는 것이다.

결핍을 시나리오화하라. 결핍의 원인, 변수를 발견하는 순간 이를 풀어 갈 최선의 전략을 만들어 낼 수 있게 된다.

평범함을 거부하고
특별함으로 승부하라

결핍을 경쟁력으로 바꾼 테슬라모터스의 모험

2003년 미국 캘리포니아에서 창업된 테슬라모터스는 창업 당시부터 지속 가능한 교통수단과 지속 가능한 에너지 생산에 대한 이상을 모토로 삼았다.

한 가지 흥미로운 것은 이들이 실리콘밸리의 벤처캐피털과 구글창업자 세르게이 브린과 래리 페이지, 이베이의 제트 스콜 등으로부터 1억 5,000만 달러의 초기 투자를 유치한 사실이다. 이것은 테슬라모터스가 가지는 사업 포트폴리오에 대한 가능성과 브랜드 파워를 나타내는 것이다.

2013년 기준 총 판매량을 보면 2만 대에 불과한 회사지만, 1,000

만 대를 생산하는 도요타에 비해 주가가 2배나 뛰어 오른 것만 보아도 이들의 특별한 포지셔닝은 주목받을 만하다.

글로벌 기업으로 발돋움하고 있는 테슬라모터스의 결핍 에너지는 무엇일까?

1. 정보를 주고 신뢰를 사다

테슬라는 파격을 넘어 고객을 향해 큰 거래를 하였다. 최근 테슬라의 CEO 엘론 머스크는 테슬라가 가진 전기 관련 특허를 누구나 무료로 사용할 수 있게 허용하였다. 이것은 자기가 가지고 있는 경쟁력과 진입 장벽을 허물겠다는 것으로, 비즈니스 상식으로는 이해될 수 없는 결단이었다.

발표 초기에 우려의 목소리도 나왔지만 테슬라의 주가는 오히려 13퍼센트 상승했다. 이는 특허 기술보다 테슬라 고객의 신뢰도와 충성도, 브랜드 가치가 더 소중하였음을 소비자가 입증한 사례였다.

2. 브랜드를 이미지로 심다

테슬라는 기억될 수밖에 없다는 기억 용이성 전략을 사용했다. 테슬라는 미국인에게는 에디슨과 함께 발명왕 양대 산맥으로 꼽히는 니콜라 테슬라의 이름에서 빌려 왔고, 로고는 'T'를 사용한다.

이들은 주로 구전 마케팅을 실시하고 전문가 포럼이나 자동차 비평가를 통해 정보를 공유한다. 소비자들에게 일방적으로 '우리 제품

좋다'고 주입하는 식의 홍보는 멀리하고 전문가의 목소리를 통해 객관적인 평가로 어필하겠다는 의도다.

아울러 내연기관이 없어 배기가스가 배출되지 않고 환경에 무해할 뿐 아니라 소음이 없어 친환경 이미지로는 최상이라는 평가를 받고 있다.

3. 평범함을 거부하고 특별함으로 승부하다

테슬라의 슬로건은 특별하다. 테슬라는 '최고의 전기차'가 아니라 '최고의 자동차'라는 점을 강조하고 나섰다.

이는 전기차가 일반 자동차보다 사양이 부족하다는 기존의 시각에 대해, 전기차의 한계를 넘어 그 이상의 가치를 인정받고 싶었던 것이다. 따라서 타 경쟁사가 제품의 성능을 자랑할 때 테슬라는 전기차와 일반 차의 미션과 가치를 동시에 담아 '변화 인식(Changing Perception)'을 모색했다.

사실 이것은 모험이었다. 마케팅적인 관점에서 보면 '쉬운 길을 돌아가 협곡으로 가는' 객기일 수도 있었다. 전통적인 시장에서 시도할 수 없는 다양한 시도와 기능을 선보여, 획기적인 고급 사용자 경험을 고객에게 제공했다. 즉, 전기차의 강점뿐 아니라, 기존 자동차에서 소비자들이 경험하고 싶어 하는 강한 마력, 코너링, 소음 제거 등을 무기로 내세워 프리미엄 브랜드로서 고객에게 강력하게 어필하였다.

테슬라의 혁신 점수를 높인 결정적인 사항이 더 있다. 그것은 실행력과 공유 가치의 실현이다. CEO 엘런 머스크는 그의 평소 소신대로 '생태주의적 비전'을 강조하고 이를 고객과 함께 만들어 갔다.

그 대표적인 것이 솔라시티를 창업해 충전소를 만드는 일이었다. 전기차의 주행 성능은 충전지 성능에 달려 있는데, 테슬라는 이 부분에 초기부터 상당히 공을 들여왔다. 경쟁사들의 입장에서 보면, 충전소 설립은 세계 완성차 업체들도 풀 수 없는 난제였다.

그러나 테슬라는 '없으면 만들면 된다'라는 신념으로 아예 솔라시티를 창업하여 북미 전역에 '슈퍼차저스'라는 충전소를 직접 세우고 있다. 게다가 충전은 기본적으로 '평생 무료'이므로, 향후 전기차를 구매할 의향을 가진 사람들의 망설임과 고민을 일거에 날려 주었다.

더불어 전기 충전소는 일반 주유소보다 공간을 적게 차지하고 비용도 저렴하여 향후 테슬라의 경쟁력으로 부상할 공산이 크다. 이들은 최근 무료 충전소를 지은 데 이어 일본의 파나소닉과 손잡고 50억 달러를 투자해, 세계 최대 리튬이온 배터리 공장인 기가팩토리를 짓기로 했다.

미국 네바다 주에 지어질 기가팩토리에서는 2020년까지 전기차 50만 대에 공급할 수 있는 배터리를 생산할 예정인데, 이렇게 되면 배터리 단가를 30퍼센트까지 낮출 수 있다고 한다.

테슬라의 특별함은 영업 면에서도 두드러진다. 이들은 딜러나 딜러숍이 없는데 이것은 그간 자동차 업계의 오랜 고민이었던 중간 딜러 비즈니스 기반을 일거에 바꿔 버린 것이다.

통상 시장 점유율 확대를 위해 딜러와 판매 수수료 계약을 하는 관행을 따르지 않고 온라인으로 정찰제 판매를 하거나 주문 생산방식을 취한 것이라든지, 골프용 카트 등으로만 쓰이던 전기차의 한계를 넘어 스포츠카인 '로드스타'를 선보인 것 등은 일반 자동차 업체나 기타 자동차 마니아에게는 충격으로 받아들여지고 있다.

2013년 10월 독일을 방문한 테슬라 CEO 엘론 머스크는 향후 안드로이드 운영체계를 탑재하고 구글의 웹 브라우저인 크롬을 사용하겠다고 발표하였다. 이런 노력은 테슬라가 자동차용 콘텐츠 서비스 플랫폼과 모든 체계들을 혁신하여 새로운 자동차 문화를 선도하겠다는 기업 철학의 의지로 보인다.

제품보다 브랜드가 우선이다

그렇다면 왜 테슬라모터스는 이런 파격적인 행보를 거듭하고 있는가? 일단 이들은 전기차가 미래에 국한되고 성능 또한 현실적이지 못하다는 현실에 반기를 든 것이다.

이를 바이럴 마케팅에 실어 이슈로 삼기 위해서는 좀 더 파격적이고 좀 더 강력한 콘텐츠가 필요했다. 그러기 위해서는 일반 자동차에 대해 염증을 느낀 사람들이나 또는 얼리어댑터들의 환심을 사기 위한 마케팅 전략이 필요했을 것이다. 이들이 '제품보다 브랜드가 소중하다'라고 말하는 이유가 그것이다.

평범하게 전기차로 안주할 것이냐, 생존을 담보 받을 수 없는 일반 자동차 시장으로 진입할 것이냐 하는 결정의 분기점에 서 있던 그들은 두 기로를 선택했을 때 드러날 자신들의 결핍을 직면하고, 적극 보완하여 결핍을 에너지로 전환시켜 신흥 강자로 우뚝 서게 만들었다.

치열한 경쟁 속에서 발견된 나의 결핍은 약점이 아닌 성공의 기회일 수 있다는 반증이다.

결핍 에너지로
성공의 에스컬레이터를 타라

2030세대인 너희를 보고 누군가 이렇게 말했더구나.

"하고 싶은 일이 없고, 할 줄 아는 것이 없고, 겁은 많아서 실패는 무진장 두려워하고, 무엇이든 보상이 확실하게 보장되지 않으면 절대 시작도 하지 않으며, 눈은 높아서 자기가 하는 일도 주변의 현실들도 모두 못마땅하고 시시껄렁하고, 옛날 사람들처럼 고생고생하면서 자수성가하는 것은 자신도 없고 하고 싶지도 않고, 어떡하면 편하고 안정된 직장을 얻어 돈을 벌 수 있을까만 궁리합니다."(황신혜밴드의 김형태, 〈이태백에게 드리는 글〉 중에서)

물론 누구는 미래 주도적인 세력으로 긍정적인 평을 하기도 했어.

"온라인과 오프라인을 넘나드는 네트워크를 구축해 하나로 결집될 수 있는 잠재력을 갖고 있으며, 자유롭고 창의적인 의식과 행동으로 관습과 관념에서 탈피해 새로운 사회 변화를 이끌고 있다."(제일기획 보고서 〈P세대를 찾아서〉 중에서)

그러나 이런 평가와는 별개로, 현실은 너희들을 좌절과 낙망의 늪으로 이끌어 가고 있구나. 이제 너희는 연애, 결혼, 출산, 인간관계,

내 집 마련까지 포기한 '오포세대'로 세 명 중 한 명이 실업자인 황당한 통계의 주인공이 되었으니…. 언론에서는 최악의 상황에 적응하고 나름대로 꿈을 키워 가려는 너희들의 초상을 '달관세대'로 표현해 놓았더구나.

미안하고 미안하다.

꿈과 희망마저 사치스럽게 느낄 정도로 척박한 세상을 만든 부모 세대가 심히 부끄럽다. 나의 베이비붐 세대도 갈길 몰라 방황하고 사회의 짐이 되고 있으니 무슨 말을 하겠니? 월남전, 중동 건설의 호황, IMF 등 수없는 파고를 넘으면서 허덕거리며 살아왔는데, 이 노력이 모두 허사가 된 것처럼 오늘날 너희 세대의 행복은 다 어디로 간 걸까? 이것이 통탄스럽고 개탄스럽구나.

그러나 J야. 인생은 잘 풀리지 않는다고 해서 금방 막을 내리는 조기종영 영화는 아니란다. 비록 너희들이 날개를 펼 수 없을 정도로 환경이 암울하고 척박하더라도 주저앉지 않고 뛰어오른다면 또 다른 반전이 기다리고 있을 것이다.

그렇게 하기 위해서는 먼저 정보의 실크로드를 만들어야 한다. 현대는 자신만이 보유한 정보로 경쟁력을 키워 가는 시대다. 여기에 너만의 경험을 가미하면 다윗처럼 위기의 상황을 반전시킬 기회를 얻을 수 있단다.

그리고 지혜의 길을 만들어라. 이를 위해 네가 경험하고 싶거나 혹은 경험하지 않은 일들에 도전해라. 경험을 통해 얻은 지혜는 두고두고 너를 풍요롭게 할 것이다. 특히 책 읽기를 게을리하지 않길 바란다. 이전과 현재, 미래에 대한 상상력과 창의력은 책 속에 있음을 명심해야 한다.

마지막으로 사람과 사람과의 네트워크를 소중하게 생각하길 바란다. 세상은, 아니 미래의 세계는 철저하게 '네트워크'로 짜인 벌집과도 같을 것이다. 기업은 기업을 만나고, 사람은 사람을 만나는 이 세밀한 '관계의 띠'를 유심히 들여다보아라. 말하자면 공감을 무기로 한 소통형 인간으로 거듭나라는 것이다.

J야, 결핍은 절실함이고 절실함은 포기하지 않는 노력을 통해 바닥을 치고 오르는 긍정 에너지로 반전될 수 있단다. 어떻게 보면 역발상과 동의어일지 모르지만, 연어처럼 거슬러 올라가는 힘을 발산하여 상황을 바꾸고 삶이 전환되었으면 좋겠다. 그렇게 된다면 어렵게만 느껴지는 성공의 자락을 너의 넓은 가슴에 당겨 놓을 수 있을 것이다.

그러기 위해서는 근시안적인 생각과 가치관을 과감히 버려야 한다. 일본은 자만하여 시대의 요구를 외면한 외톨이가 되어 가고 있고, 반면 중국은 세계 강대국으로 드라이브하는 가운데 우리나라는 방향타를 잃고 표류하고 있지 않은지 염려되는 때다. 이런 시기에 너희 같은 젊은 세대들이 국가의 경쟁력이 되어 줄 동량으로 우뚝 서 주기를 간절히 바란다.

물론 너희들도 여러 짐을 타의적으로 지게 되어 불만 아닌 불만을 가질 수도 있겠지. '왜 우리가 기성세대가 만들어 놓은 짐을 짊어져야 하는가?' 하는 볼멘소리나, '능력을 발휘할 기회조차 주지 않으면서 그렇게 폄하할 수 있느냐?'라고 아프게 꼬집을 수도 있다.

그러나 J야, 어차피 미래는 너희가 살아갈 시간 아니겠니? 그 시간의 주인이 되어 주도적인 인생을 살아갔으면 하는 바람이 전부라는 것을 알았으면 좋겠다.

부디 너의 결핍 에너지는 긍정의 결핍 에너지였으면 좋겠다. 무언가 '확' 바꿀 수 있는 역동의 에너지였으면 더더욱 좋겠다. 그래서 2030이든 4050이든, 아니 5060이든 세대가 통합되고 협력하는 결핍의 플랫폼이 이루어지길 바란다.

J야, 사랑하고 고맙고 미안하다.

너희에게 응원의 박수를 보낸다.

감사의 말

이 책이 나오기까지 큰 버팀목이 되어 주신 하나님께 모든 영광을 올리고 싶다. 그리고 힘든 시대를 온몸으로 이겨 낸 부모님과 그 시대를 함께 살아 낸 모든 분들께도 감사드린다.

"세바시" 프로그램을 통해 수많은 이들에게 선한 영향력을 미치고 있는 구범준 PD와 그 제작진들에게 뒤늦은 인사를 전한다. "세바시"를 통해 처음으로 사람들 앞에서 결핍 에너지를 소개할 수 있었다.

언제나 내게 든든한 신앙관과 가치관을 심어 주는 강북제일교회 황형택 목사님, 한세대 대학원 권창희 교수님과 박사 과정 원우들, 한세대 유시티학회 명강사 과정 교육원생들, 수많은 커뮤니케이션 작업에 동행하는 AG 브릿지 유장휴 대표, 언제나 소년 같은 탐구심으로 가득 찬 동아미래포럼 김정원 매니저와 수강자 여러분, 투병 중임에도 강사로서 책임을 다하고 있는 친구 송동근, 나의 악필을 워딩해 준 송이 양에게도 고마움을 전한다.

부족하기 이를 데 없는 나를 25년 간 강사로 대접해 주고 경청해

준 수많은 대한민국 기업들과 CEO, 교육 담당자에게도 진정 고개 숙여 감사를 표하고 싶다.

투병 중인 나의 사랑하는 아내 장애진, 혼기가 꽉 찬 뮤직 마케터 딸 주희, 조카 주찬과 주영, 곧 한 아이의 엄마가 될 외조카 진아에게도 고마운 마음을 전한다.

모두 내 마음의 벽에 새겨 둘 보물 같은 존재들이다. 오늘 내가 이들을 기억하고 되새기는 것만으로도 집필의 고통을 상쇄하고도 남을 것이란 생각을 어쭙잖게 가져 본다.

여의도 연구실에서

맹명관

참고 기사 및 문헌

말콤 글래드웰,《다윗과 골리앗》21세기북스, 2014

토니 셰이,《딜리버링 해피니스》북하우스, 2010

빅터 솔로몬,《옷을 팔아 책을 사라》쉐마, 2005

이동진 외 4인,《어떻게 결정할 것인가》미래의 창, 2014

노니카 이쿠지로, 기쓰미 이키라,《생각을 뛰게 하라》흐름출판, 2012

〈가트너가 꼽은 2015년 10대 전략 기술〉《월간 APP》2014년 11월호

〈연산 2만대 차 회사 주가가 도요타 2배?〉《동아비즈니스리뷰》2014

양동훈,〈분사형 인사 아웃소싱의 동향과 과제〉《노동정책연구》Vol.14(3), 2014

"131년 필름 왕국 코닥의 몰락"〈중앙일보〉2012.01.06 기사

"미래 위해 본업 바꾼 듀폰"〈CEO Information〉2012.02.28 기사

"도쿄 전통시장의 대 반격"〈조선일보〉2009.12.30 기사

"코닥 파산의 교훈"〈머니투데이〉2012.03.27 기사

"교차판매의 힘은 어디로부터 비롯되나?: 웰스파고의 비전, 가치, 전략"〈온돌 뉴스〉2014.09.16 기사

"혁신 실패한 공룡기업의 만시지탄: 끊임없이 현재를 버려야 미래를 얻는다"〈중앙 시사 매거진〉2015.01.24 기사

"막다른 골목 몰렸을 때 진짜 승부가 시작된다. 후지필름 대 역진 이끈 고모리 회장"〈조선 비즈〉 2014.06.08 기사

"위기의 게임 산업 어디로"〈한경 비즈니스〉 2014.10.17 기사

"아사히야마 동물원, 펭귄이 머리 위로 날고, 염소도 만져 보고, 뻔한 동물원 버렸다"〈한국경제〉 2013.06.06 기사

"선데이토즈" 네이버 지식백과

"사과 열매를 먹고 자란 좁쌀 샤오미" 네이버캐스트

"세계 경제 포럼(다보스 포럼)" 네이버 지식백과

결핍이 에너지다!

1판 1쇄 2015년 5월 25일 발행
1판 4쇄 2019년 4월 15일 발행

지은이 · 맹명관
펴낸이 · 김정주
펴낸곳 · ㈜대성 Korea.com
본부장 · 김은경
기획편집 · 이향숙, 김현경, 양지애
디자인 · 문 용
영업마케팅 · 조남웅
경영지원 · 장현석, 박은하

등록 · 제300-2003-82호
주소 · 서울시 용산구 후암로 57길 57 (동자동) ㈜대성
대표전화 · (02) 6959-3140 | 팩스 · (02) 6959-3144
홈페이지 · www.daesungbook.com | 전자우편 · daesungbooks@korea.com

ⓒ맹명관, 2015
ISBN 978-89-97396-50-4 (03320)
이 책의 가격은 뒤표지에 있습니다.

Korea.com은 ㈜대성에서 펴내는 종합출판브랜드입니다.
잘못 만들어진 책은 구입하신 곳에서 바꾸어 드립니다.

이 도서의 국립중앙도서관 출판시도서목록(CIP)은 e-CIP홈페이지(http://
www.nl.go.kr/ecip)와 국가자료공동목록시스템(http://www.nl.go.kr/
kolisnet)에서 이용하실 수 있습니다.(CIP제어번호: CIP2015012432)